M000227447

LIVING STREAM MINISTRY

CRISTO *es contrario a* LA RELIGIÓN

WITNESS LEE

Anaheim, California • www.lsm.org

Primera edición: agosto del 2000.

ISBN 0-7363-1012-6

Traducido del inglés
Título original: *Christ versus Religion*
(Spanish Translation)

Publicado por

Living Stream Ministry
2431 W. La Palma Ave., Anaheim, CA 92801 U.S.A.
P. O. Box 2121, Anaheim, CA 92814 U.S.A.

Impreso en los Estados Unidos de América

01 02 03 04 05 06 / 9 8 7 6 5 4 3 2

CONTENIDO

PREFACIO

Este libro se compone de mensajes dados por el hermano Witness Lee en julio de 1970 en la ciudad de Los Angeles, California.

CAPITULO UNO

CRISTO EL NOVIO

Lectura bíblica: Mt 9:14-15; Lc. 5:29-30, 33-35

En el relato del Evangelio de Mateo vemos que todo lo relacionado con Cristo sucedió fuera de la religión. En aquel tiempo, el judaísmo era la religión verdadera, ya que estaba basada en la santa Palabra de Dios. No obstante, todo lo relacionado con Cristo ocurrió fuera de dicha religión; en otras palabras, Cristo no tuvo nada que ver con la religión.

CRISTO NACIO FUERA DE LA RELIGION

El capítulo dos de Mateo nos muestra que Cristo nació fuera de Jerusalén, lejos del templo, y que los santos sacerdotes no tuvieron nada que ver en este acontecimiento. Dios no envió al ángel Gabriel a una familia sacerdotal, ni lo envió a alguien que oraba en el templo de Jerusalén. Antes bien, Dios envió Su ángel a una pequeña ciudad llamada Nazaret, ubicada en una región despreciada de Galilea. Lo envió a una joven, a una virgen de familia humilde. Prácticamente todo lo que le aconteció a esta joven sucedió lejos de Jerusalén, del templo, del sacerdocio santo y de la religión típica y verdadera. El nacimiento de Cristo no tuvo nada que ver con la religión, y se efectuó por completo fuera de ella.

Podría decirse que Jesús fue concebido en Nazaret, y que nació en Belén. Pero si prestamos la debida atención al relato del evangelio, a la luz del Espíritu Santo, descubriremos que dicho nacimiento se llevó a cabo de una manera escondida. Incluso podríamos decir que El nació allí "furtivamente", con el único propósito de cumplir la profecía. De improviso lo llevaron a Belén para que naciera allí, y repentinamente fue llevado a otro lugar. El nacimiento de Cristo en realidad no tuvo nada que ver con la religión.

A CRISTO SE LE ENCUENTRA FUERA DE LA RELIGION

El capítulo dos de Mateo prosigue relatando en dónde la gente encontró a este Cristo. No lo encontraron en la religión, ni fueron los sacerdotes ni los religiosos quienes lo hallaron. El no se encontraba en Jerusalén ni en el templo. Todos conocemos el relato de la estrella celestial que brilló en un país pagano, en un pueblo sin Biblia y desprovisto de la verdadera religión. Sabemos también que aquellos sabios paganos, valiéndose de su entendimiento, concluyeron que el Rey de los judíos había de nacer en Jerusalén. Debido a que ellos lo buscaron allí, causaron la muerte de muchos niños. Finalmente hallaron a Jesús, pero no mediante el conocimiento bíblico. Usted recordará que cuando llegaron a Jerusalén, el Rey Herodes llamó a los escribas y a los fariseos, es decir, a aquellos que conocían la Biblia. Todos ellos le dieron a Herodes la referencia exacta de Miqueas 5:2, que anuncia el nacimiento de Cristo en Belén. Ellos tenían el conocimiento, las referencias bíblicas exactas, pero ninguno fue a ver a Cristo. Valoraban las Escrituras, la Biblia, pero no a Cristo. Prestaron atención a Miqueas 5:2, que anuncia la venida de Cristo y hasta el lugar exacto de Su nacimiento; no obstante, cuando oyeron que Cristo iba a nacer, ninguno de ellos fue a presenciar este acontecimiento. Hoy en día la religión cristiana sigue el mismo principio. La gente habla de la Biblia y conoce algo de Cristo, pero es difícil hallar a alguien que se interese realmente por la persona de Cristo. Se preocupan por la Biblia, por las profecías, pero no por Cristo.

Alabamos al Señor por estos gentiles que desde una tierra pagana se interesaron en Cristo. Mateo relata que cuando salieron de Jerusalén, la estrella se les apareció de nuevo. Les aseguro que cuando ustedes dejen las denominaciones, cuando abandonen la religión cristiana, aparecerá la estrella. ¡Aleluya, la estrella aparece! Cuando usted está en la religión no puede ver la estrella, y yerra al blanco. Si usted se asocia con los religiosos e intenta seguir la letra muerta de la Biblia, jamás verá la estrella ni encontrará a Cristo. Cuando los sabios salieron de Jerusalén, ¡brilló la estrella! ¡Aleluya! ¡Qué bueno es tener una estrella celestial! Entonces encontraron a Jesús. El encuentro con Jesús se produjo fuera de la religión.

CRISTO ES PRESENTADO FUERA DE LA RELIGION

El capítulo tres de Mateo muestra el principio bajo el cual Cristo fue presentado; esto también aconteció totalmente fuera de la religión. Juan el Bautista fue la persona que presentó y recomendó a Cristo al pueblo. Juan nació en una familia de sacerdotes, pero no permaneció en el sacerdocio ni en el templo, ni siquiera en la ciudad de Jerusalén. Leemos que él se hallaba en el desierto. Vivía como un incivilizado en un lugar salvaje; se vestía con pieles de camello. Levítico 11 declara que el camello era una animal inmundo. Pero Juan parecía decir: "Ustedes dicen, conforme a sus reglamentos religiosos, que el camello es inmundo. Entonces ¡tengo que ser tal camello!" ¿Qué diría usted a esto? Juan actuó de una manera totalmente opuesta a la religión. Considere su dieta. El comía langostas y miel silvestre. No tenía ninguna religión ni cultura; antes bien, se oponía a la religión y a la cultura humana. No estaba en el templo ni tenía ningún altar para ofrecer sacrificios; no tenía nada relacionado con la religión ni con la cultura humana.

Hace algún tiempo en Los Angeles, un hermano vino a las reuniones envuelto en una cobija. Esta cobija fue una prueba para algunas personas. Pero Juan el Bautista se vestía de piel de camello. Por lo menos la cobija era un producto de la cultura, fabricada por el hombre, pero la piel de camello que llevaba Juan el Bautista era completamente salvaje, sin ninguna elaboración. El era todo un salvaje, y era el pionero y el precursor de Cristo. Juan fue aquel que, al ver a Cristo, exclamó al pueblo: "¡He aquí el Cordero de Dios!" Fue él quien afirmó haber visto al Espíritu Santo como paloma descender del cielo sobre Cristo, y que por ello sabía que Cristo era quien bautizaría en el Espíritu Santo. ¿Qué podemos decir a esto? El no dijo nada acerca de los diez mandamientos, puesto que había abandonado completamente todo eso. Más bien, él dijo: "¡He aquí el Cordero de Dios!" El mostró a Aquel que había de bautizar en el Espíritu Santo, y dijo: "¡Arrepentíos!"

Juan no le enseñó religión a la gente; sino que los llamó al arrepentimiento, a cambiar su manera de pensar y sus conceptos acerca de la religión y de la cultura. No les pidió que hicieran algo; simplemente los bautizó, los sepultó, los aniquiló. Juan dijo: "Yo os bautizo en agua, pero después de mí viene Aquel que os bautizará en el Espíritu Santo".

Si Jesús le fuera recomendado de este modo salvaje: ¿Cómo reaccionaría usted? ¿Habría creído en El? ¿Lo habría aceptado? Jesús fue recomendado por una persona salvaje, de una manera salvaje, fuera de toda religión. ¡Aleluya por Juan el Bautista! El era verdaderamente excepcional.

A CRISTO SE LE SIGUE FUERA DE LA RELIGION

Mateo 4 revela que algunas personas siguieron a Jesús después de que El fue presentado. ¿Quiénes eran ellos? ¿Los sumos sacerdotes? ¿Los escribas? ¡No! Eran simples pescadores galileos. Algunos de ellos pescaban en el mar, otros remendaban sus redes; era gente inculta, pero seguía a Jesús. No empezaron a seguirlo en Jerusalén, ni en el templo, ni siquiera en la tierra santa, sino en Galilea, en una región que era considerada "de los gentiles" (Mt. 4:15).

Como podrán ver: tanto el nacimiento de Cristo, como el encuentro con El, Su presentación, y el hecho de seguirle, todo sucedió completamente fuera de la religión. ¡Aleluya! Cristo vino al hombre; El vino mediante Su nacimiento, y también, al llegar a Su edad adulta, El vino para ministrar. El mismo se presentó al pueblo. El estaba allí y vino a la gente; no se necesitaba ir a buscarlo.

LOS DISCIPULOS DE JUAN CAYERON EN LA RELIGION

Saltemos los capítulos cinco, seis, siete y ocho, y lleguemos al capítulo nueve, donde ocurrió un hecho interesante (vs. 14-15). Los discípulos de Juan vinieron a Jesús hablando de algo religioso. ¿Puede usted creer que al poco tiempo los discípulos de Juan el Bautista, quien no tenía nada que ver con la religión, cayeron en algo religioso? Podríamos decir que ellos fundaron una nueva religión, y que fueron los primeros en dudar acerca del Señor Jesús. Además, los discípulos de Juan llegaron junto con los discípulos de los fariseos (Lc. 5:30, 33).

¡Vaya compañía! Los fariseos eran los religiosos tradicionales y los discípulos de Juan eran los nuevos religiosos, pues aún no llevaban más de dos años. No obstante, en un período tan breve, los discípulos de Juan se habían vuelto completamente religiosos.

"Entonces se le acercaron los discípulos de Juan, diciendo: ¿por qué nosotros y los fariseos ayunamos mucho, y Tus discípulos no ayunan?" Los discípulos de Juan fueron a Jesús y le hablaron así porque habían visto que Jesús había asistido con Sus discípulos a un banquete, no a una comida ordinaria (Lc. 5:29). Además, lo vieron festejar, no con los sumos sacerdotes, ni con los fariseos o los escribas, sino con los pecadores y los publicanos. Jesús festejaba con los publicanos, ¡qué ironía¡. Esto molestó mucho a los religiosos. Así que, los discípulos de Juan y de los fariseos vinieron a Jesús, y los nuevos religiosos fueron los primeros en reprender a Jesús. "¿Por qué nosotros ayunamos", le dijeron, "y Tus discípulos no ayunan?" La pregunta era ¿por qué? Y desde el punto de vista religioso los discípulos de Juan y los discípulos de los fariseos tenían toda la razón: es mejor ayunar que festejar. Así que, ellos preguntaron: "¿Por qué nosotros ayunamos y Tus discípulos festejan?"

JESUS SE PRESENTA COMO EL NOVIO

El Señor Jesús no argumentó ni contestó con doctrinas a la pregunta de los discípulos de Juan y de los fariseos. El les dijo: "Acaso pueden los compañeros del novio tener luto mientras el novio está con ellos?" El no les contestó con una doctrina, sino con una Persona. ¡El se refirió a Sí mismo como el Novio! Les dijo que Su presencia, la presencia del Novio, les proporcionaba regocijo. El Señor Jesús no dijo nada tradicional relacionado con las enseñanzas, con las Escrituras, ni con ninguna cita bíblica. Tampoco dijo nada acerca de Sí mismo como el Dios Todopoderoso, el Creador, el Señor o el Maestro. De acuerdo con el concepto religioso, Dios debe ser así, pero el Señor Jesús no mencionó nada de eso. Por el contrario, El se refirió a Sí mismo como el Novio.

Este Novio es el personaje más agradable de todo el universo. Quizás usted diga que teme a Dios, que quiere agradar a Dios, que desea servirle; todo eso está bien, pero es bastante religioso. ¿Ha pensado alguna vez que su Señor Jesucristo no es solamente el Dios santísimo, el Creador, el Señor todopoderoso y el Maestro; sino que El es su Novio, es decir, la persona más agradable? En presencia del Novio no existe ningún temor. El es tan amable, tan agradable; no hay por qué temer a esta Persona. ¡Aleluya, tenemos al Novio! El Señor Jesús dijo que el Novio estaba allí, la Persona más agradable estaba presente. Supongamos que después de contestar así a los discípulos de Juan y a los fariseos, en seguida Juan, Jacobo y Pedro exclamaran: ¡Aleluya! ¿Cree usted que el Señor Jesús les reprendería? ¡Seguro que no! Por el contrario, El estaría muy contento.

El Señor representa tanto para nosotros: El es Dios mismo, es el Creador, el Señor, el Maestro, el Cordero que quita nuestros pecados y efectúa la redención completa, y El es también aquel que viene con la paloma e imparte vida en nosotros y nos bautiza con el Espíritu. Pero además de todo esto, El es el Novio. Al final de la Biblia tenemos la expresión: "la esposa del Cordero" (Ap. 21:9). Hasta cierto punto este asunto es contrario a la religión y a los conceptos religiosos. Ciertamente El Cordero es el Redentor, pero este Cordero que quitó nuestros pecados en la cruz, es también nuestro Novio.

Entre nosotros hay algunos que tienen poco tiempo de ser salvos, mientras que otros han sido salvos durante más tiempo. Permítanme preguntarles, ¿han orado alguna vez de esta manera?: "Oh Señor Jesús, Tú eres tan agradable; Tú eres mi Novio. Señor, Te amo, Te amo como una novia ama a su novio". ¿Le han hablado al Señor de esta forma alguna vez en sus oraciones? En cierta medida, aún nos encontramos bajo la influencia del concepto religioso. A cualquier cristiano le es sumamente fácil decir en sus oraciones: "Oh Señor, Tú eres mi Dios, Tú eres mi Padre, Tú eres mi Amo, Tú eres mi Creador". Podemos decir eso, pero me temo que no acostumbremos a decir: "Señor Jesús, ¡Tú eres mi Novio!"

EL TERMINO "NOVIO" ES INCOMPATIBLE CON EL CONCEPTO RELIGIOSO

¿Vemos ahora el concepto religioso? No culpemos a aquellos judíos; más bien, debemos culparnos a nosotros mismos, pues nos hemos vuelto bastante religiosos. Hasta cierto punto seguimos bajo la influencia de la religión. Hablamos de ayuno y oración, mientras que el Señor Jesús dice: "¿Acaso pueden los compañeros del Novio tener luto mientras el Novio está con ellos?" El Señor Jesús no habla de doctrinas ni de ritos religiosos, sino que se presenta como el Novio. Nuestro Dios, nuestro Creador, nuestro Redentor, nuestro Señor y Amo, es ahora nuestro Novio. Debemos abandonar los conceptos religiosos y adoptar algo nuevo. No puedo forzarlos, pero sí les pido que de ahora en adelante, siempre que tengan contacto con el Señor, estén conscientes de que El es Su Novio. ¿Lo harán? No necesitan orar de la manera antigua y religiosa. Temo que cuando se olvidan de Dios, se olvidan quién es El; así que, cuando se vuelven a El, espontáneamente oran de la manera vieja. Es tan fácil orar así. Pero cuando oramos al Señor apreciándolo, todo es diferente. No piensen que esta enseñanza procede de mí; es la revelación del Señor. El Señor la va a recobrar y lo está haciendo ahora. Debemos tener un cambio. ¡Arrepentirnos! ¡Cambiar nuestro concepto! ¡Ser sepultados! ¡Disfrutar a Jesús como el Novio!

En muchas ocasiones, a solas en mi alcoba, me he entusiasmado mucho con el Señor; El representa tanto para mí. El es tan bueno y maravilloso, mucho más de lo que puedo expresar. ¡El es nuestro Novio! ¡Aleluya! El Novio está con nosotros. ¡Tenemos Su presencia! No tenemos solamente la presencia del Dios todopoderoso, sino la presencia del Novio, la Persona más agradable. El es tan precioso y encantador. Así debemos considerar al Señor Jesús.

Cuando se trata de amor, ninguno de nosotros guarda formalidades ni ritos. Si amamos realmente a alguien, abandonamos todas las formas. De lo contrario, nuestro amor no sería sincero. Por tanto, debemos abandonar todo rito y formalidad, puesto que Jesús es nuestro Novio.

LA PRESENCIA DEL NOVIO

Necesitamos cambiar radicalmente nuestro concepto. Cuando asistimos a nuestras reuniones, las reuniones de iglesia, lo hacemos para encontrarnos con el Novio. Cada vez que nos reunimos, venimos para estar con El. Su presencia lo es todo para nosotros. Mientras El está con nosotros, no necesitamos normas, ritos, doctrinas ni formalidades. ¿Por qué el cristianismo de hoy necesita tantas doctrinas, formalidades, ritos y reglamentos? Porque han perdido la presencia del Señor. En una boda disfrutamos la presencia del novio, pero en un funeral, hemos perdido la presencia de un ser querido; en el cristianismo, la gente ha perdido la presencia de este ser querido, por tanto, allí no hay entusiasmo. Sin embargo, hoy tenemos la presencia de nuestro Novio, y Su presencia lo es todo para nosotros. ¿Cómo no hemos de estar entusiasmados? Debemos gritar y exultarnos. El Novio está con nosotros. ¡Aleluya!

LOS COMPAÑEROS DEL NOVIO

La Biblia enseña que el Señor Jesús es nuestro Novio, y que además, por ser tal Persona para nosotros, El considera que tenemos cuatro aspectos. En Mateo y Lucas descubrimos que El es el Novio, y que nosotros somos Sus compañeros. Estamos con el Novio en Su cámara nupcial. Amamos al Novio. En este sentido no somos la novia, sino los compañeros del Novio. Contemplamos al Novio; Su presencia es muy dulce y placentera. Como pueden ver, los compañeros del Novio no se parecen en nada a los que están en un funeral. No estamos en un funeral; estamos en las bodas. ¡Aleluya! Somos los compañeros del Novio en la cámara nupcial.

LOS INVITADOS A LA FIESTA DE BODAS

En segundo lugar, somos los huéspedes que Dios ha invitado a la fiesta de bodas de Su Hijo (Mt. 22:1-10; Ap. 19:9). Dios el Padre está preparando una fiesta de bodas para Su Hijo y ha invitado a muchos a dicha fiesta. ¡Aleluya! No somos solamente los compañeros del Novio, sino también los invitados a la fiesta de bodas. ¿Ha recibido usted tal invitación? En el momento en que usted fue salvo, recibió una invitación de parte de Dios el Padre. El dijo: "Todo está listo. ¡Ven a la fiesta!" Y ahora estamos festejando. Alabamos al Señor porque cada vez que nos presentamos ante El, nos damos cuenta de que hemos venido a una fiesta. Cada vez que asistimos a una reunión, debemos estar conscientes de que estamos en una fiesta de bodas. La reunión de la iglesia no es solamente una comida, sino una fiesta, y no una fiesta ordinaria, sino una fiesta de bodas. ¿De quién es la boda? Son las bodas del Cordero. ¿Viene usted a las reuniones con la intención de enseñar o aprender algo? Debemos asistir a las reuniones para festejar. Aun mientras hablo en las reuniones, estoy festejando; festejo mucho más que todos ustedes. Tengo un tipo de disfrute en mi espíritu. Así que, en este sentido, somos los huéspedes invitados a la fiesta de bodas del Cordero.

LAS VIRGENES

En tercer lugar, somos las vírgenes que salen al encuentro del Novio (Mt. 25:1-13). En cierto sentido, el Señor Jesús como Novio está con nosotros; y en otro sentido, El está lejos, pero está por volver. En cierto sentido estamos con El y lo disfrutamos, pero en otro sentido, lo estamos esperando. Lo esperamos saliendo a Su encuentro. Ya que somos aquellos que salen al encuentro del Novio, tanto los hombres como las mujeres, somos las vírgenes. Todos somos vírgenes que salen del mundo para encontrarle. Todos somos vírgenes esperando Su venida. Esa es nuestra meta. El es el Novio que viene, y nosotros somos las vírgenes. Lo amamos, lo estamos esperando y anhelamos Su venida. Somos los compañeros del Novio, somos los huéspedes invitados a Su fiesta de bodas, y somos las vírgenes que salen del mundo para encontrarle.

Debemos estar conscientes de que nosotros, como vírgenes, no tenemos nada que ver con este mundo. Nuestra única meta y anhelo es Cristo; así que, salimos a Su encuentro. Si seguimos involucrados en las cosas de esta tierra, si nuestra meta es terrenal, nos convertimos en caballeros y no en vírgenes. En ocasiones al mirar a algunas hermanas, me digo a mí mismo: "Usted es una hermana, pero en realidad es un caballero. Está llena de aspiraciones terrenales. Usted no anhela la venida del Novio. Su anhelo es otra cosa, tal vez sea su obra misionera. Está procurando algo que no es el Señor Jesús". Debemos ser vírgenes que no tienen nada que ver con esta tierra. Nuestra meta debe ser Su venida, nuestra meta debe ser Cristo; lo deseamos con anhelo. El es nuestro verdadero disfrute. Si ustedes no son estas vírgenes que anhelan a Cristo, se están perdiendo parte del disfrute de Cristo.

LA NOVIA

Primero somos los compañeros del Novio; después, somos los invitados; luego, somos las vírgenes; y por último, somos la novia. No somos solamente los compañeros del Novio, o los huéspedes invitados a la fiesta de bodas, o las vírgenes que lo esperan a El, ¡sino la novia misma! ¡Aleluya! (Ap. 19:7-8; 21:2, 9). Hermanos y hermanas, ¿se dan cuenta de que El representa tanto para nosotros, y nosotros somos tanto para El? El representa todo para nosotros; por esta razón, nosotros también debemos corresponderle.

CUATRO ASPECTOS QUE NOS PERMITEN DISFRUTAR PLENAMENTE A CRISTO

Estos cuatro aspectos nos permiten disfrutar a Cristo, nuestro Novio. En el primer aspecto, somos los compañeros del Novio, quienes lo están disfrutando. En el segundo aspecto, somos los huéspedes que lo disfrutan como la fiesta. En el tercer aspecto, somos las vírgenes que disfrutan la venida del Novio. Y finalmente, todos seremos la novia que disfruta plenamente al Novio. Por tanto, si queremos disfrutar a Cristo como el Novio, debemos ser estas cuatro clases de personas para El. De esta manera, podremos disfrutar a Cristo ricamente y con dulzura. Que el Señor nos impresione con estos cuatro aspectos y nos introduzca en el pleno disfrute de El.

Si hemos de disfrutar plenamente a Cristo, debemos ser: uno de los compañeros del Novio, un invitado a la fiesta de bodas, una de las diez vírgenes y parte de la Novia. Esperamos el día en que el Novio regrese y nos lleve consigo como Su novia. Todavía no ha llegado ese día, pero desde ahora lo podemos disfrutar por lo menos en los primeros tres aspectos. Sin embargo, en ocasiones experimentamos un verdadero anticipo del disfrute que existe en el cuarto aspecto, como Su novia.

CAPITULO DOS

CUATRO ELEMENTOS NUEVOS

Lectura bíblica: Mt. 9:14-17; Lc. 5:33-39

Hemos visto que Cristo se presentó al pueblo como Novio. El dijo: "¿Acaso pueden los compañeros del Novio tener luto mientras el Novio está con ellos?" En Su respuesta vemos varios aspectos: primero, El es el Novio, y segundo, el Novio está *con nosotros*. Usted recordará que en el primer capítulo de Mateo dice que Cristo fue llamado Emanuel, que significa *Dios con nosotros*. Me gusta mucho esta expresión "con nosotros". Esto no significa que tenemos ciertas doctrinas y enseñanzas, ni que observamos algunos ritos y normas. Más bien, significa que Su presencia está con nosotros. El hecho de que El está con nosotros lo dice todo. ¡Aleluya! ¡El Novio está con nosotros! Sin Su presencia, todo es simplemente religioso. ¿Qué quiere decir ser religioso? Tener las Escrituras, las cosas fundamentales, pero sin la presencia del Señor.

¡Es tan maravillosa la presencia del Novio con nosotros! ¿Necesitamos consuelo? Alabado sea el Señor, Su presencia es nuestro consuelo. ¿Necesitamos vida? Alabado sea el Señor, Su presencia es nuestra vida. ¿Necesitamos algo más? Les aseguro que Su presencia lo es todo para nosotros. Si tenemos Su presencia, lo tenemos todo. ¡Oh, el Novio está con nosotros!

Vemos un tercer aspecto implícito en las palabras del Señor: que El está con nosotros como Novio a fin de que lo disfrutemos. ¿Cómo sabemos esto? Porque El dice: "¿Acaso pueden los compañeros del Novio tener luto?" La respuesta es obvia: debemos estar gozosos; en la presencia del Novio no podemos tener otra actitud.

Pero la declaración del Señor no paró allí, sino que fue más lejos y más profunda, puesto que usó varias parábolas para indicar algo muy práctico. Primero, El afirmó que nadie pone un remiendo de paño nuevo en un vestido viejo, y luego añadió que ningún hombre echa vino nuevo en odres viejos. El Evangelio de Lucas presenta otro elemento: "Nadie corta un pedazo de un vestido nuevo y lo pone en un vestido viejo" (5:36). Así que, después de presentarse a Sí mismo como el Novio, El muestra cuatro elementos nuevos. Estos cuatro elementos tienen mucho significado. Primero vemos el paño nuevo; luego, el vestido nuevo; después, el vino nuevo; y finalmente, el odre nuevo. Por consiguiente, tenemos el Novio y cuatro elementos nuevos.

La palabra del Señor es siempre sencilla en cuanto a sus expresiones, frases y términos; pero debemos darnos cuenta de que Su palabra implica cosas maravillosas y profundas. Las palabras del Señor no se parecen a los dichos de los filósofos; ellos siempre usan términos muy difíciles de entender, y aun después de comprenderlos, no obtenemos ningún contenido. Pero, alabado sea el Señor que El es diferente; Sus palabras son muy sencillas. Todos saben lo que es un paño nuevo, un vestido nuevo, el vino nuevo y un odre nuevo. Pero escuchen, Sus palabras implican algo muy profundo y elevado, lleno de significado. Se requiere toda la eternidad para entenderlas.

EL SIGNIFICADO DE "NUEVO"

Aquí vemos cuatro elementos distintos acompañados del mismo calificativo "nuevo". No obstante, el griego usa tres palabras distintas para este término castellano. El adjetivo "nuevo", que califica al término paño, significa "no tratado" o "no procesado". En este pasaje, algunas versiones traducen la palabra nuevo como "no encogido". Esto se refiere a un paño que no ha sido usado, que aún no ha sido procesado. Este es el significado del adjetivo "nuevo", el cual califica a "paño". Sin embargo, el adjetivo "nuevo" que califica a los términos vestido y odre, significa "nuevo en naturaleza". Es decir que, en su esencia y naturaleza, el vestido y el odre son nuevos. Finalmente, el adjetivo "nuevo" que califica al sustantivo "vino", significa "nuevo en cuanto al tiempo", esto alude al vino acabado de preparar. En resumen, el paño nuevo es un paño que no ha sido tratado ni procesado; el vestido nuevo y el odre nuevo son materiales esencialmente nuevos en su naturaleza; y el nuevo vino es algo recién producido. Todo esto es muy significativo.

EL VESTIDO NUEVO

¿Por qué el Señor Jesús, después de revelarnos que El es el Novio, menciona estos cuatro elementos: el paño nuevo, el vestido nuevo, el vino nuevo y el odre nuevo? Si queremos entender lo que El quiere decir, debemos profundizar más en esta palabra. El Señor dice que el Novio está con nosotros. Sin embargo, obsérvese a sí mismo: ¿merece usted Su presencia? ¿A los ojos de Dios, piensa usted que su situación es digna de la presencia del Novio? Todos tenemos que contestar: "¡No!". Todo lo que tenemos y lo que somos no nos hace merecedores de la presencia del Señor. Si queremos disfrutar de Su presencia, debemos cumplir ciertos requisitos; requerimos estar en cierta condición y en cierta situación. Lo que somos por nacimiento y por naturaleza, y todo lo que podamos hacer y obtener, no nos hace aptos para estar en la presencia del Novio. Debemos estar conscientes de que el Novio es Cristo, y de que Cristo es Dios mismo. Supongamos que Dios se le apareciera ahora mismo. ¿Se quedaría usted ahí sentado? El es el Dios santo y el Dios justo; y este Dios es el Novio. ¿Recuerda usted el relato de Lucas 15, cuando el hijo pródigo regresó a casa? Indudablemente el padre lo amaba mucho, pero el hijo se encontraba en una condición totalmente indigna de la presencia del padre. Por consiguiente, el padre en seguida mandó a su siervo que buscara el mejor vestido y vistiera a su hijo, para que éste fuera digno de su presencia. Nuestro Novio es el propio Dios. ¿Cómo podríamos nosotros los pecadores disfrutar de la presencia del Rey celestial? Recuerde el contexto de estos versículos en Mateo capítulo nueve, donde el Señor Jesús comía con pecadores y publicanos. Nosotros somos esos pecadores y publicanos; no somos aptos, y necesitamos algo que nos cubra para poder sentarnos en la presencia del Señor. Esta es la razón por la que el Señor, después de declarar que

El es el Novio, dice que debemos ponernos un vestido nuevo. Cuando nos ponemos el vestido nuevo, somos dignos de Su presencia. Cuando el hijo pródigo fue vestido con el mejor vestido, pudo estar en la presencia de su honorable padre. El mejor vestido lo hizo apto para disfrutar de la presencia del padre. Nosotros los pecadores y publicanos debemos ser vestidos con un vestido nuevo, a fin de ser dignos de la presencia del Novio. Pero eso no es todo.

EL VINO NUEVO

Si yo fuese el hijo pródigo, estaría un poco preocupado aun después de tener el mejor vestido. Diría: "Oh padre, el mejor vestido te satisface a ti, pero no me satisface a mí; pues aún tengo hambre. Ahora mi condición exterior concuerda con la tuya, está bien para ti, pero yo sigo con hambre. Decidí volver a ti, no por el mejor vestido, sino para obtener un mejor alimento. Cuando estaba en tierras lejanas, no tenía ni siquiera los desperdicios que comían los cerdos; así que decidí regresar a tu casa, no para recibir este vestido, sino algo de comer. Este vestido te satisface a ti, padre, pero yo también quiero ser satisfecho". En seguida el padre mandó al siervo que matara al becerro gordo y dijo: "¡comamos y regocijémonos!" La provisión del padre no incluye sólo un aspecto exterior, sino también uno interior.

Por lo tanto, después de mencionar el vestido nuevo, el Señor habló del vino nuevo. El vino nuevo no satisface una necesidad exterior, sino una interior. No sólo tenemos una necesidad exterior, también tenemos una interior; necesitamos algo que nos cubra, pero también algo que nos llene. Somos tan pobres exteriormente y estamos tan vacíos interiormente. Necesitamos el vestido por causa del Padre, pero necesitamos el vino nuevo por nuestro propio bien. No requerimos solamente el vestido nuevo, sino también el vino nuevo.

En una fiesta de bodas, el vino es lo más esencial. Por supuesto, cuando vamos a una boda, nos ponemos un vestido nuevo que concuerde con la ocasión. Sin embargo, no asistimos sólo para sentarnos y contemplar el evento. No vengo solamente para mirar su vestido y que usted vea el mío, sin tener nada para comer y beber. Tampoco venimos para mostrar nuestros buenos modales. ¿De qué nos sirven los buenos modales en la mesa si no hay nada qué comer? Alabado sea el Señor, efectivamente tenemos buenos modales en cuanto a la comida, pero necesitamos también que haya una mesa rica, y el Señor la ha provisto. El propio Señor es nuestro vestido nuevo, y El es también el vino nuevo. ¿Se da cuenta de esto? El es nuestra cubierta por fuera y nuestro contenido por dentro. El no sólo nos hace aptos, sino que además nos satisface. El es nuestra aprobación y satisfacción; El es la provisión para nuestra necesidad exterior y también el suministro que satisface nuestra hambre y sed interiores.

Si el Señor no representara tanto para nosotros, ¿cómo podríamos ser los compañeros del novio, los huéspedes en la fiesta de bodas, las vírgenes que salen al encuentro del Novio, y la novia misma? Si hemos de disfrutar a Cristo en estos cuatro aspectos, ciertamente necesitamos algo exterior que nos haga aptos y algo interior que nos satisfaga. El Señor Jesús no es únicamente el Novio, sino también el vestido nuevo que nos hace aptos y el vino nuevo que nos satisface. Efectivamente, tenemos algo que nos cubre y satisface. Podemos saltar y gritar: "¡Aleluya!" Pero no piense que eso es todo, pues hay más.

EL ODRE NUEVO

El vino nuevo requiere de un odre nuevo. ¿De qué sirve el vino nuevo sin un recipiente apropiado para contenerlo y preservarlo? Antiguamente se usaba el odre como recipiente para contener el vino. Por lo tanto, el odre nuevo representa al recipiente que contiene a Cristo como vino nuevo. ¿A qué se refiere esto? A la vida de iglesia. Cristo no es solamente nuestro vestido nuevo y el vino nuevo, sino que al incrementarse, El es también el odre nuevo para contener el vino. El es nuestra aprobación exterior y nuestra satisfacción interior, y corporativamente El es la iglesia, el Cuerpo (1 Co. 12:12), capaz de contener el vino. El lo es todo: el Novio, el vestido nuevo, el vino nuevo, y también el recipiente corporativo para contenerlo y disfrutarlo a El. El Cristo agrandado es el odre nuevo. Esto es realmente profundo.

EL PAÑO NUEVO

Hemos abarcado tres elementos nuevos, pero no hemos hablado mucho del paño nuevo. ¿Qué significa este paño? Sabemos que el Señor Jesús era Dios. Un día, El se encarnó como hombre en esta tierra. Desde Su encarnación hasta Su crucifixión pasaron treinta y tres años y medio, en los cuales El llevó un vivir humano. En aquel tiempo El era el paño nuevo, no abatanado, que ni el hombre ni Dios habían tocado. El Cristo encarnado, desde Su nacimiento hasta Su crucifixión, era tal paño nuevo. Este Cristo era verdaderamente maravilloso, pero no era apropiado para cubrirnos consigo Mismo, pues era un simple pedazo de paño nuevo que no se podía usar como vestidura. Primero, tenía que ser cortado, cosido y elaborado. Todo eso se cumplió en la cruz. En la cruz, Cristo fue procesado. El fue crucificado y sepultado: allí fue tratado duramente por el hombre y más todavía por Dios. Después de esto, El resucitó. Ahora, en resurrección, El es el vestido nuevo. El Cristo resucitado es el vestido nuevo. Antes de Su crucifixión El era un simple pedazo de paño nuevo, pero una vez resucitado, El fue hecho el vestido nuevo para que lo llevemos como nuestra vestidura.

DEBEMOS PONERNOS EL VESTIDO NUEVO Y BEBER EL VINO NUEVO

No me gusta presentar simples enseñanzas y doctrinas, prefiero la práctica y la experiencia. Analicemos algo juntos: ya que Cristo fue hecho el vestido nuevo después de Su resurrección; entonces, ¿cómo podemos revestirnos de El? ¿Cómo puede usted vestirse de El? No debemos olvidarnos de Gálatas 3:27, que dice: "porque todos los que habéis sido bautizados en Cristo, de Cristo estáis revestidos". Debemos revestirnos de Cristo. Pero, ¿cual es el medio que nos permite revestirnos de El? ¡El bautismo en Cristo! La manera de revestirnos de Cristo consiste en ser bautizados en El. ¿Cómo podemos ser bautizados en Cristo?

Hasta aquí todavía estamos en las doctrinas. Necesitamos algo más práctico. Hemos visto que después de Su resurrección, Cristo fue hecho el vestido nuevo, pero la Biblia también nos dice que después de Su resurrección El fue hecho el

Espíritu vivificante (1 Co 15:45). Si Cristo no fuera el Espíritu, ¿cómo podríamos ser bautizados en El? ¿Ha entendido usted este asunto? ¿Por qué podemos ser bautizados en Cristo? Debido a que Cristo fue hecho el Espíritu. Al ser crucificado, sepultado y resucitado, Cristo llegó a ser el *pneuma* vivificante, el aliento que infunde vida, el aire viviente. Al ser el aliento, le resulta muy fácil entrar en nosotros, y al ser el aire, a nosotros nos es fácil entrar en El. Cristo en resurrección fue hecho el Espíritu vivificante que lo incluye todo. En este Espíritu se halla todo lo que Cristo es y todo lo que El ha realizado. Tal Espíritu es el Cristo que todo lo incluye, y este Cristo como Espíritu, es nuestro vestido nuevo. Como usted podrá ver, este vestido es el Espíritu. Fuimos bautizados en el Cristo que es el Espíritu; es así como nos vestimos de Cristo. Cristo es el *pneuma*, el Espíritu que todo lo incluye; al ser bautizados en El, somos revestidos de Su Persona. Inmediatamente El, como Espíritu, llega a ser nuestra vestidura y nos hace aptos. ¡Aleluya! El vestido nuevo con el que debemos vestirnos es Cristo, el Espíritu todo-inclusivo.

Este es el significado de la palabra del Señor en Mateo 28:19: "Por tanto, id y haced discípulos a todas las naciones, bautizándolos en el nombre del Padre, y del Hijo, y del Espíritu Santo". La realidad del nombre está en el Espíritu. Bautizar a las personas en el nombre significa bautizarlos en el Espíritu. ¿Y quién es el Espíritu? Es Cristo como el *pneuma* que todo lo incluye. El se encarnó, vivió en esta tierra, fue crucificado, efectuó la redención y resucitó. Después de que todo esto fue consumado, El fue hecho en Su resurrección el *pneuma* que todo lo incluye. La encarnación está incluida en este *pneuma*; la crucifixión y la redención también están incluidas en este *pneuma*; la resurrección, el poder de la resurrección y la vida de resurrección están todos incluidos en dicho *pneuma*. Cuando somos bautizados en El, somos bautizados en tal *pneuma*. Cuando somos bautizados en El, nos vestimos de El. ¡Aleluya!

En el Nuevo Testamento hay un versículo maravilloso, y me temo que ustedes no le hayan prestado la debida atención. Se trata de 1 Corintios 12:13, donde dice: "Porque en un solo Espíritu fuimos todos bautizados en un solo Cuerpo, sean judíos o griegos, sean esclavos o libres; y a todos se nos dio a beber de un mismo Espíritu". Primero dice que todos fuimos bautizados en el Espíritu Santo, y segundo, que a todos se nos dio a beber de un mismo Espíritu. No sólo fuimos bautizados en el Espíritu, sino que también se nos dio a beber del Espíritu. ¿Han observado que estos dos aspectos se hallan en un solo versículo? Supongamos que aquí tengo un vaso de agua. Bautizar mi dedo en esta agua tiene que ver con el primer aspecto: el dedo está vestido con el agua, es decir, que el agua está cubriendo totalmente el dedo. Sin embargo, esto no constituye más que un hecho exterior: algo que está por encima, y no por dentro. El segundo aspecto se refiere al hecho de que se nos dio a beber del Espíritu. Cuando bebo este vaso de agua, el agua entra en mí. Una cosa es "ser bautizados en", y otra cosa es "beber de".

Hoy en día muchos cristianos confunden estos dos aspectos, ya que piensan que el bautismo en el Espíritu equivale a beber del Espíritu. En realidad, tal concepto no es lógico. ¿Acaso cuando las personas entran en el agua, se les da a beber del agua? Si este fuera el caso, se ahogarían. Bautizar a una persona es introducirla en el agua, no consiste en darle de beber el agua. Aquí vemos dos aspectos. Un aspecto es el Espíritu Santo sobre nosotros, y otro, el Espíritu Santo en nosotros. Cuando el Señor Jesús les habló a Sus discípulos acerca del Espíritu Santo en el día de Pentecostés (Hch. 1:5, 8), les dijo que el Espíritu Santo vendría sobre ellos, no que entraría en ellos. Este es un asunto de estar "sobre" y no "dentro". Ser bautizados en el Espíritu equivale a ser revestidos del Espíritu, es decir, revestirnos de Cristo. Cristo es nuestra justicia, nuestra cubierta, nuestra aprobación, nuestro vestido nuevo. Pero esto no debe ser una simple doctrina. Debemos revestirnos de este Cristo y no tener solamente la doctrina de la justificación por la fe. Esta debe ser una experiencia en el Espíritu. Debemos ser capaces de exclamar: "¡Oh Señor, aleluya, ahora estoy en Cristo! El es el *pneuma* que todo lo incluye, y estoy en este *pneuma* que todo lo incluye! Me presento ante Ti, no en mí mismo, sino en Cristo; no en la doctrina de Cristo, sino en Cristo como el Espíritu que todo lo incluye".

Debemos revestirnos de Cristo, quien es nuestro vestido nuevo; y tal vestido nuevo es el Espíritu todo-inclusivo. Cristo ya no es el paño sin procesar, sino que es el vestido ya terminado. En este vestido terminado tenemos la redención, el poder de la resurrección y todos los elementos de la Persona divina. Este vestido nuevo no es solamente un pedazo de paño, sino el propio *pneuma* divino, el Espíritu que todo lo incluye, ya que incluye la encarnación de Cristo, Su crucifixión, Su obra redentora, Su resurrección y el poder de Su resurrección. Podemos revestirnos de tal Cristo. ¡Aleluya!

El Señor Jesús dijo a Sus discípulos: "Y Yo rogaré al Padre, y os dará otro Consolador, para que esté con vosotros para siempre: el Espíritu de realidad" (Jn. 14:16-17). En estos versículos vemos que el Espíritu es el Cristo procesado; este Espíritu es el Cristo crucificado y resucitado. Tal Cristo es el otro Consolador, el Espíritu de realidad. "En aquel día", dijo El, "vosotros conoceréis que Yo estoy en Mi Padre, y vosotros en Mí, y Yo en vosotros" (Jn. 14:20). En realidad, El estaba diciendo: "En aquel día ustedes se revestirán de Mí y me recibirán en su interior; en aquel día, ustedes serán bautizados en Mí, y también beberéis de Mí". Este es el Cristo procesado, el Cristo consumado. Ahora Cristo ha dejado de ser algo "rústico" y sin procesar, pues El ha sido completamente procesado. Ahora El es el vestido terminado con el que nos revestimos, y también el vino nuevo que bebemos.

Supongamos que aquí tengo una naranja. ¿Podrían ustedes beberla? No podrían, pues esta naranja no ha pasado por un proceso; primero debe ser procesada como jugo. Del mismo modo, no podíamos beber de Cristo antes de Su crucifixión y resurrección. Pero en la cruz, El fue cortado y presionado por Dios, y ahora ha llegado a ser el Espíritu en resurrección, el cual podemos beber. Todos fuimos bautizados en Cristo, y también se nos dio de beber a Cristo. ¿Cómo es posible esto? Porque El ahora es el Cristo procesado. El dijo: "Si alguno tiene sed, venga a Mí y beba. El que cree en Mí, como dice la Escritura, de su interior correrán ríos de agua viva. Esto dijo del Espíritu que habían de recibir los que creyesen en El; pues aún no había el Espíritu" (Jn. 7:37-39). ¿Por qué dice aquí, cuando el Señor pronunció estas palabras, que aún no había el Espíritu? Porque Cristo todavía no había sido procesado. Pero poco tiempo después, El sería procesado, y después resucitaría. Ahora todo aquel que tenga sed puede venir a El y beber. ¡Alabado sea el Señor! El Señor Jesús pasó por un proceso. ¿Desea usted ser bautizado en El? ¿Desea beber de El? La frase "en aquel día", se refiere al día de hoy. Ahora mismo podemos saber con certeza que estamos en El y que El está en nosotros. Podemos ser bautizados en El y podemos beber de El. Ahora, al ser bautizados en El, Cristo llega a ser nuestra certificación externa, y ahora, al beber de El, Cristo llega a ser nuestra satisfacción interior. Estamos vestidos de El como Espíritu de poder y bebemos de El como Espíritu de vida, a fin de disfrutarle como nuestro Novio.

Los primeros tres elementos nuevos —el paño nuevo, el vestido nuevo y el vino nuevo— representan a Cristo. Desde Su encarnación hasta Su crucifixión El es el paño nuevo, y desde Su resurrección hasta la eternidad El es nuestro vestido nuevo y nuestro vino nuevo. El paño nuevo solamente era la materia prima para hacer el vestido nuevo. Pero ahora estamos cada día cubiertos por El, y cada día El nos satisface. El es todo para nosotros.

CRISTO ES EL ODRE NUEVO

Ahora veamos algo más con respecto a Cristo como odre nuevo. Leamos 1 Corintios 12:12: "Porque así como el cuerpo es uno, y tiene muchos miembros, pero todos los miembros del cuerpo, siendo muchos, son un solo cuerpo, así también el Cristo". En este versículo descubrimos que no solamente los miembros en conjunto forman el Cuerpo, sino que este Cuerpo es Cristo mismo. Siempre consideramos a Cristo como Cabeza, pero hemos prestado poca atención al hecho de que Cristo también es el Cuerpo. Prácticamente hablando, ¿cómo puede Cristo ser el Cuerpo? Porque el Cuerpo está compuesto de muchos miembros llenos de Cristo. Cristo está en usted, Cristo está en mí, Cristo está en aquel, Cristo está en cada uno de nosotros: todos nosotros tenemos a Cristo en nuestro interior. En el capítulo uno de Primera de Corintios, Pablo dice que Cristo no está dividido. El Cristo que está en usted es uno con el Cristo que está en mí, y el Cristo que está en nosotros es uno con el Cristo que está en todos los demás creyentes. Por lo tanto, Cristo es el Cuerpo, compuesto de los muchos miembros, quienes están llenos de El. Esto es el odre nuevo. El odre nuevo es simplemente la vida de iglesia, que contiene a Cristo como el vino nuevo.

A veces la gente nos critica porque hablamos demasiado de la iglesia. Sin embargo, no creo que hablemos demasiado de la iglesia. Más bien, pienso que necesitaremos toda la eternidad para agotar este tema. Algunos dicen que, con la iglesia o sin ella, en la iglesia o fuera de ella, como quiera podemos disfrutar a Cristo. Pero dudo que sin la iglesia usted pueda disfrutar plenamente a Cristo. Sin la iglesia, tal vez usted pueda disfrutar a Cristo un poco aquí o allá, pero nunca podrá disfrutarlo plena y continuamente. Si usted no está de acuerdo con esto, apártese de la iglesia durante un mes y observe qué pasará.

Hace muchos años un hermano joven vino a mí y me dijo: "Hermano Lee, no me gusta la vida de iglesia. Mire a estos ancianos, no me agradan. Mire a las hermanas, no me caen bien. Mire a todos estos hermanos y hermanas, tampoco me gustan". Yo le contesté: "Hermano, a usted no le gustan los ancianos, ni los hermanos, ni las hermanas. Y qué hay de usted?" El dijo: "Tampoco soy tan bueno, pero soy un poco mejor que ellos". Y añadió: "¿Por qué tengo que asistir a las reuniones de la iglesia? Estoy perdiendo mi tiempo. Sería mejor quedarme en casa, orando y leyendo la Biblia". Así que le dije: "Bueno, hermano, intente eso durante un tiempo y veremos el resultado". ¿Sabe usted lo que pasó? Durante las dos primeras semanas él oró y leyó su Biblia, pero después dejó de leer la Biblia, aunque siguió orando un poco. Después de otra semana, dejó de orar. Luego, empezó a ir al cine, y más tarde, cayó en el mundo.

Sin el odre, ¿cómo podrá usted conservar el vino? No piense que usted es el odre individualmente. No, usted sólo forma parte de él. ¿Cómo puede un vaso contener agua si está dividido en pedazos? ¿Cómo podrían los pedazos contener el agua? Es imposible. No piense que usted es una persona tan importante. Usted no es nada; simplemente es un miembro del Cuerpo, sólo una parte minúscula de éste. Sin duda, aun el dedo más pequeño contiene cierta cantidad de sangre, pero este dedo sólo es una pequeña parte del cuerpo entero. Si usted lo separa del cuerpo, inmediatamente se interrumpirá el flujo de sangre hacia el dedo. En lugar de contener la sangre, el dedo la perderá. El día en que usted deje la vida de iglesia, empezará a perder a Cristo, el vino nuevo empezará a agotarse. Compruébelo con su experiencia.

Al declarar esto, no estoy diciendo que cada reunión de la vida de iglesia sea maravillosa. En ocasiones las reuniones no son tan elevadas. Sin embargo, aun las reuniones pobres lo beneficiarán de alguna manera. Si levantamos un vaso hasta el techo o lo ponemos en el suelo, no por eso deja de ser un vaso. Ya sea en una posición alta o baja, sigue siendo un recipiente. El Señor Jesús estará siempre con este vaso: cuando el vaso está elevado, el Señor Jesús también está elevado. Pero cuando las reuniones de la iglesia bajan de nivel, lamento decirlo, el Señor Jesús también baja con ellas. El siempre nos acompaña, porque El está en nosotros. Sólo la vida de iglesia puede contener a este Cristo que disfrutamos. No piense que la iglesia es algo sin importancia.

Tal vez algunos lectores se encuentren en un lugar donde todavía no exista la vida de iglesia. Creo que, basados en su experiencia, confirmarán lo que estoy diciendo, pues su experiencia es que carecen de la iglesia. Simpatizo plenamente con ustedes. Indudablemente la mayoría de ustedes se preocupan mucho por el hecho de que, en su ciudad, no exista aún el recipiente, porque no hay ningún odre en su localidad. Como pueden ver, necesitamos el vino nuevo, pero también necesitamos el odre nuevo.

Debemos entender que el odre no es solamente el recipiente para contener el vino, sino también el medio para beberlo. La mayoría de nosotros podemos testificar que cada vez que venimos a las reuniones de la iglesia, comprobamos que éste es el lugar donde podemos beber a Cristo. Es en ella donde empezamos a beber al Señor como nunca antes. La vida de iglesia no es solamente un recipiente, sino también la vasija en la que podemos beber de Cristo. Alabado sea el Señor que tenemos la vida de iglesia.

La vida de iglesia no somos nosotros, sino el Cristo corporativo. Si venimos a la reunión, pero dejamos a Cristo en casa y llegamos aquí solos, eso no sería la vida de iglesia, sino un tipo de club social. Sin Cristo, nada puede ser la iglesia. En cambio, si usted viene a la reunión trayendo a Cristo y yo también vengo del mismo modo, este Cristo se convierte inmediatamente en el recipiente corporativo, cuyo contenido es El mismo, quien se imparte en nosotros para que lo disfrutemos. La vida de iglesia no es una religión ni un conjunto de enseñanzas, formas y ritos, sino el Cristo que usted y yo expresamos.

UN ODRE VIVIENTE

La mayoría de nosotros venimos del cristianismo, donde aprendimos que los cristianos debemos llevar a cabo ciertas reuniones cristianas llamadas servicios. Conforme a este concepto, todos debemos entrar en el "santuario" calladamente y con reverencia, y sentarnos correctamente, en buen orden. Algunos santos queridos que asistieron a nuestras reuniones se molestaron mucho por los gritos y las alabanzas. Permítanme decirles a aquellos que se molestaron, que ustedes conservan inconscientemente la influencia de su trasfondo cristiano. Supongamos que un grupo de cristianos se reúne, y todos están bien vestidos, se comportan de una manera adecuada y callada. Y supongamos que en el mismo lugar se reúne otro grupo de cristianos cuya ropa y comportamiento no sean tan buenos, y ellos acostumbren gritar y alabar a Cristo dinámicamente en sus reuniones. Si usted fuera Cristo ¡sea honesto e imparcial! ¿a cuál grupo apreciaría usted realmente? No pregunto qué grupo está bien o mal, eso no me preocupa, ni creo que al Señor Jesús tampoco le preocupe. No es un asunto de tener la razón o de estar equivocado, de ser buenos o malos. Más bien, es un asunto de vida. La religión dice que el primer grupo es bueno, pero Cristo dice lo contrario, porque dicho grupo no tiene ninguna vida. El primer grupo es un insulto para Cristo. Cristo es vida, y El ha conquistado y subyugado a la muerte. Cristo le diría al primer grupo: "¿Por qué prevalece tanto la muerte entre ustedes? Ciertamente esto no se parece a Mi iglesia; más bien, se parece a un cementerio". El lugar más tranquilo y ordenado que existe es el cementerio; allí no hay ninguna desorden.

¿Por qué decimos esto? Porque todos están muertos y sepultados correctamente. Hoy en día tantas iglesias supuestamente cristianas actúan de esta manera, en ellas todos han sido "sepultados" de manera amable, apropiada y ordenada. Hermanos y hermanas, esto no es el odre nuevo. La iglesia viviente es el lugar donde está Cristo; es la iglesia compuesta de miembros vivientes, que hacen ruido de forma viviente. Este es el odre nuevo. Necesitamos este odre.

ODRES NUEVOS PARA CONTENER EL VINO NUEVO

Por una parte, tenemos el odre viejo, y por otra, el nuevo. No ponga el vino nuevo en un odre viejo. Algunos ciertamente han recibido el vino nuevo, pero intentaron verterlo en un odre viejo. He sido testigo de esta clase de insensatez durante casi cuarenta años. Muchas personas han venido a la iglesia local y han bebido el vino nuevo. Ellos han dicho: "Esto es realmente maravilloso; es exactamente lo que 'mi iglesia' necesita". Así que, intentaron introducir este vino nuevo en un odre viejo. ¿Sabe usted lo que sucedió? Los odres viejos se reventaron y el vino nuevo se derramó. Sin embargo, si vertemos el vino nuevo en un odre nuevo, el Señor Jesús nos asegura que ambos serán preservados.

Algunos santos muy queridos vinieron y apreciaron el orar-leer, e intentaron llevar esta práctica a sus reuniones tradicionales. El resultado fue que mataron sus reuniones. El vino nuevo sencillamente no es adecuado para los odres viejos, sino que requiere el odre nuevo.

Necesitamos a Cristo como el vestido nuevo, como el vino nuevo, y también como el odre nuevo en una forma corporativa; es decir, necesitamos la vida de iglesia. No nos interesan las doctrinas, las enseñanzas ni los ritos, sino únicamente el Cristo que mora en usted, en mí, y en todos nosotros. Este es el odre nuevo.

CUATRO CLASES DE CRISTIANOS

A raíz de estos cuatro elementos nuevos han surgido cuatro clases de personas cristianas. Los cristianos del primer tipo aparentemente son cristianos, pero en realidad no lo son. Ellos sólo toman a Cristo como el paño nuevo, pero no creen en la crucifixión del Señor ni en Su redención. Tales personas aprecian únicamente el tiempo en que el Señor estuvo en esta tierra. Ellos dicen: "Miren cómo vivía Cristo: El rebosaba de amor y se sacrificaba por los demás. Debemos imitarlo y seguir Sus pisadas". Hacer eso es cortar un pedazo de paño nuevo para remendar un vestido viejo. Tales personas son llamados modernistas. Ellos niegan que Cristo es Dios; tampoco creen que El murió por nuestros pecados en la cruz. Dicen que Cristo murió como un mártir, y no por nuestra redención; aseguran que El murió sólo para dejarnos un ejemplo. Ellos afirman que para remendar nuestras deficiencias, debemos imitar ciertos aspectos del Señor. Esta es su enseñanza y su práctica.

Existe otra clase de cristianos, un poco mejores, que podemos llamar los fundamentalistas. Ellos sí creen que Cristo es Dios, que El es nuestro Redentor quien murió en la cruz por nuestros pecados y resucitó. Ellos toman a Cristo, no como un pedazo de paño nuevo, sino como el vestido nuevo. Han sido realmente redimidos, son cristianos genuinos; pero sólo creen que Cristo obtuvo la redención, que ahora son salvos y que algún día irán a los cielos.

Existe otro tercer grupo en un nivel aún más elevado. Estos creyentes han visto que su necesidad no consiste sólo en ser redimidos por Cristo, sino también en experimentar Su vida divina. Ellos han visto algo acerca de la vida interior; así que, toman a Cristo no solamente como el vestido nuevo, sino también como el vino nuevo. Los podríamos llamar "cristianos de la vida interior". Son mucho mejores que los cristianos de los dos grupos anteriores. Incluso podríamos decir que son los mejores: no son modernistas, y están en un nivel más elevado que los fundamentalistas. Podríamos afirmar que son gente espiritual. Pero lamento decir que, por muy buenos que sean, algo les falta. Me refiero al odre, a la vida de iglesia.

En estos días el Señor está recobrando más que el vestido nuevo, ya que El recobró esto cuando Martín Lutero defendió la justificación por fe. Hoy nuestro Señor tampoco está recobrando la vida interior, puesto que El recobró esto por medio de *Madame Guyón, Andrew Murray* y *Jessie Penn Lewis*, entre otros. Le damos gracias al Señor por todos estos recobros que El ha efectuado. No obstante, al final de esta era, el Señor está recobrando el asunto final: "la vida de iglesia". Podríamos llamar a este último grupo: la gente de la iglesia. ¡Alabado sea el Señor!

¿Ha observado usted que en las iglesias locales, entre la gente de iglesia, ya ha sido recobrado el vestido nuevo, al igual que el vino nuevo y el odre nuevo? No creo que los amigos que nos critican por hablar tanto de la iglesia sean justos, porque también hablamos mucho del vestido nuevo, y aún más de la vida interior. Consideren nuestros escritos: rebosan de mensajes acerca de la vida interior. Pero no nos hemos detenido allí; pues también hemos abarcado la vida de iglesia. Si usted lee todos los libros y artículos que hemos publicado, descubrirá que no nos ocupamos del paño nuevo, pues eso es algo ya concluido. Pero sí tenemos el vestido nuevo, el vino nuevo y el odre nuevo. Tenemos a Cristo como nuestra justicia, como nuestro vivir y también como nuestra vida corporativa de iglesia. ¿Se detuvo el Señor en el vestido nuevo? ¡No! ¿Sólo llegó hasta el vino nuevo? ¡Tampoco! El prosiguió y pasó del Novio al paño nuevo, del paño nuevo al vestido nuevo, del vestido nuevo al vino nuevo y del vino nuevo al odre nuevo. ¿Hay algo más? ¡No! Después del odre, después de la iglesia, no existe nada más. La iglesia es la meta final de Dios. Cuando llegamos a la iglesia, estamos en la consumación final del propósito de Dios. Por lo tanto, después del odre, el Señor no mencionó nada más.

¡Alabado sea el Señor! Tenemos al Novio, tenemos el paño nuevo con el cual se ha elaborado el vestido nuevo, tenemos el vestido nuevo, tenemos el vino nuevo y tenemos también el odre nuevo. De modo que, no sólo somos plenamente aptos y estamos totalmente satisfechos, sino que también estamos ubicados en la posición apropiada para disfrutar a nuestro Novio. Si hemos experimentado todas estas cosas, no nos falta nada. Es maravilloso tener al Novio abrigándonos como vestido nuevo, y tenerlo en nuestro interior como vino nuevo. Este vino nuevo se encuentra en la vida de iglesia, es decir, en el nuevo odre. Por consiguiente, día tras día disfrutamos plenamente a nuestro Señor, nuestro Novio.

¿Es esto una religión? ¡No! ¿Es esto cristianismo? ¡No! ¿Es esto un nuevo tipo de secta? ¡No! Entonces, ¿qué es? Es la vida de iglesia. ¡Aleluya! ¡Es maravilloso tener la vida de iglesia y estar en ella!

CAPITULO TRES

COMO OBTENER EL VERDADERO DESCANSO

Lectura bíblica: Mt. 11:18-19, 25-30; 12:1-14, 38-42

Ahora llegamos a los capítulos 11 y 12 de Mateo. En el capítulo 9 vimos el asunto del Novio y los cuatro elementos nuevos. Dicho capítulo nos presenta al Novio como la figura más agradable. ¡Es tan agradable estar con el Novio! ¡El es nuestro disfrute! El capítulo 9 nos dice cómo tener este disfrute, y los capítulos 11 y 12 nos enseñan cómo obtener el verdadero descanso.

Los capítulos 11 y 12 de Mateo están estrechamente relacionados. Notemos la frase: "En aquel tiempo", mencionada en el versículo 25 del capítulo once. A lo largo de toda la Biblia estas expresiones son muy significativas. La Palabra de Dios es muy económica y no desperdicia ningún vocablo. Analicemos la expresión: "En aquel tiempo". ¿En qué tiempo? Jesús se refería al tiempo en que Juan había venido y ni comía ni bebía. Los religiosos juzgaban que Juan tenía un demonio y que el Hijo del Hombre era comilón y bebedor, ya que El, en Su venida, sí comía y bebía (Mt. 11:18-19). Entonces, "en aquel tiempo", Cristo pronunció Su llamamiento: "Venid a Mí todos los que trabajáis arduamente y estáis cargados, y Yo os haré descansar" (v. 28).

Después del capítulo once, en el primer versículo del doce, encontramos la misma frase: "en aquel tiempo". ¿En qué tiempo? En el tiempo cuando Jesús pronunció Su llamamiento, esto es, en el tiempo cuando Jesús invitó a la gente a venir a El y descansar.

Después de este pasaje llegamos al versículo 38, el cual empieza con la expresión "entonces". Estas expresiones unen todas las secciones de estos dos capítulos. Por lo tanto, podemos decir que estos dos capítulos forman un conjunto que nos muestra una sola cosa: cómo hallar el verdadero descanso.

¿Desea usted encontrar el disfrute pleno y la vida más placentera? Entonces, permanezca en la presencia de Aquel que es agradable; quédese en la presencia del Novio. En tanto esté con nosotros nuestro Señor, nuestro Novio, lo único que nos queda por hacer es regocijarnos. Ahora podemos ver que todos estos pasajes, de los capítulos once y doce, nos muestran cómo obtener el descanso.

Los cristianos suelen citar Mateo 11:28 "Venid a Mí, todos los que trabajáis arduamente y estáis cargados", pero ellos generalmente toman estos versículos de una manera aislada. Sin embargo, para encontrar "la manera" de descansar, debemos unir todos las cláusulas de estos dos capítulos.

LA VIDA ES INCOMPATIBLE CON LOS REGLAMENTOS

Cuando Juan el Bautista vino, no comía ni bebía. Su comportamiento era totalmente opuesto a la religión y a la cultura humana. Por esta razón, los fariseos y los escribas, o sea, los religiosos, juzgaron que él tenía un demonio. Ciertamente Juan era una persona extraña, a quien nadie entendía; por tanto, ellos decidieron que tenía un demonio. Pero entonces vino Jesús, que comía y bebía, y los religiosos dijeron: "Miren, este hombre no parece hacer otra cosa que comer y beber".

Si algún reglamento nos prohibiera comer y beber, resultaría una carga muy gravosa. Por otra parte, si otro reglamento nos obligara a comer y a beber más de lo necesario, esto también representaría una carga muy gravosa. Sin embargo, para nosotros, los hijos de sabiduría, este no es un asunto concerniente a comer y beber, ni de abstenerse de ello, sino absolutamente un asunto de vida. Prestemos atención a las palabras del Señor en el versículo diecinueve de este capítulo: "La sabiduría es justificada por sus hijos". Aquí debe impresionarnos la palabra "hijos", la cual nos muestra que éste es un asunto de vida. No somos estudiantes de la sabiduría, sino hijos de ella. No nos preocupa tanto el conocimiento de la sabiduría, pero sí nos interesa llevar una vida de sabiduría. ¿Qué es la sabiduría? ¡Cristo! Somos los hijos de Cristo; tenemos Su vida, por tanto, tenemos la vida de sabiduría. Para nosotros la vida cristiana no es un asunto de reglamentos, de hacer esto y aquello o de no hacerlo; más bien, es un asunto de vida. Si tengo sed, puedo beber; puedo beber poco a poco o beber una gran cantidad de agua de una vez. No existe ninguna ley al respecto, todo depende de la vida. No me pregunte por qué tomo agua; pues mi respuesta será: simplemente porque tengo sed. Cuando tengo sed, no me prohiba saciarla. Cuando no tengo sed, no me obligue a beber. No me pregunte por qué como, pues lo hago simplemente porque tengo hambre. Tampoco me pregunte por qué no como; no lo hago sencillamente porque no tengo hambre. ¿De qué depende esto? Depende absolutamente de la vida. Esta es la manera de obtener descanso. Las normas y reglas son sólo cargas pesadas de llevar, y Jesucristo dijo: "Venid a Mí todos los que trabajáis arduamente y estáis cargados, y Yo os haré descansar".

¡Aleluya, no hay más reglamentos! ¿Tiene usted hambre? Entonces ¡coma! ¿Tiene usted sed? ¡Beba! Si no tiene hambre ni sed, simplemente no coma ni beba. Como podrá ver, mientras no existan reglamentos, somos libres y tenemos descanso.

Todos los reglamentos de la religión son las cargas pesadas que menciona el versículo 28. Esta es la razón por la que el Señor Jesús exclamó: "Venid a Mí todos los que trabajáis arduamente y estáis cargados". Usted no necesita laborar. Olvídese de los reglamentos —de comer o no comer, de beber o no beber— olvídese de todo eso. Comeré cuando sea conveniente y no lo haré cuando no lo sea. Cuando tenga sed beberé, y cuando no tenga sed, simplemente no beberé. ¡Aleluya, no hay más reglamentos! Esto es Cristo, quien es incompatible con la religión. Jesús dijo: "Mi yugo es fácil" (11:30). En el original griego, el significado de la palabra *fácil* es "agradable" o "suave". En otras palabras, Jesús dijo: "Mi yugo es flexible". Cuando usted tiene hambre, come, y cuando no tiene hambre, simplemente no come. Su yugo es flexible, Su yugo es agradable, Su yugo no es rígido.

JESUS QUEBRANTA EL SABADO INTENCIONALMENTE

Fue "en aquel tiempo", después de hablar así, que Jesús pasó por los sembradíos con Sus discípulos en día sábado. Los discípulos, al ver las espigas, empezaron a comer porque tenían hambre. Cuando los fariseos vieron esto, dijeron: "He aquí Tus discípulos hacen lo que no es lícito hacer en sábado" (12:2). Como podrán ver, guardar el sábado de esta manera es realmente una carga pesada. Jesús ha dicho: "Venid a Mí todos los que trabajáis arduamente y estáis cargados". Cualquier reglamento o norma es una carga pesada; sin embargo, con Cristo no existe ningún reglamento ni norma. Consideremos la situación: los discípulos hambrientos estaban, posiblemente, en la sinagoga, y el Señor Jesús los sacó de allí; El los sacó de lo religioso y los condujo a los sembradíos. ¿Cree usted que lo hizo sin ningún propósito? Puedo asegurarles que el Señor Jesús hizo esto intencionalmente, a propósito. El quebrantó deliberadamente la observancia del sábado para satisfacer a aquellos que tenían hambre. La religión les imponía una carga, pero el Señor Jesús los satisfizo.

Los religiosos siempre ponen cargas sobre los demás, por ejemplo, les prohiben comer. Ellos suelen decir: "No es lícito, no es fundamental, no es conforme a las Escrituras". Sin embargo, el Señor Jesús dijo: "¿No habéis leído?" En realidad les estaba diciendo: "Ustedes son tan fundamentalistas, tan bíblicos. ¿No habéis leído lo que hizo David cuando él y los que con él estaban tuvieron hambre; cómo entró en la casa de Dios y comieron los panes de la presencia [lit.], que no les era lícito comer ni a él ni a los que con él estaban, sino solamente a los sacerdotes? ¿No lo habéis leído, vosotros fariseos? Según vuestra ley no era lícito que David y los que lo acompañaban comieran, pero lo hicieron". Aquellas personas tan bíblicas y fundamentalistas quedaron calladas. Esto es muy significativo.

CRISTO ES EL VERDADERO DAVID

Cristo es incompatible con la religión. Efectivamente existía un reglamento el cual estipulaba que sólo los sacerdotes podían comer el pan de la presencia en la casa de Dios. No obstante, la misma Biblia que menciona este reglamento, también relata cómo David entró en el templo y junto con sus seguidores comió el pan de la presencia. Pero Dios no los condenó. Al hablar así, el Señor Jesús daba a entender a los fariseos: "Yo Soy el verdadero David, y Mis discípulos son los verdaderos seguidores de David. Si antiguamente David y sus seguidores comieron el pan de la presencia sin ser condenados, pues a ellos no les estaba permitido comerlo, ¿cómo pueden ustedes condenarme? Deben entender que David era solamente un tipo, una sombra o figura de la realidad; pero Yo soy el verdadero David. Si todo lo que hizo David era lícito, entonces todo lo que Yo hago también debe serlo. Si ustedes entran en el templo sin David, y comen el pan de la presencia, ciertamente serían condenados. Pero el hecho de que David está con ustedes, y que ustedes están en la presencia de David, lo hace todo lícito. No depende de la ley, sino de David".

Ahora mismo lo importante no es la ley, sino Cristo. En tanto Cristo está con ustedes, lo que ustedes hacen en Su presencia, está bien. ¿Por qué? Porque hoy en día Cristo da la ley de forma presente, instantánea y actual. ¡Aleluya! Hoy Cristo es el verdadero David y nosotros somos Sus seguidores. El está con nosotros, y nosotros hacemos todas las cosas en Su presencia.

Ahora no hay más preceptos que Cristo mismo. No hay más reglamentos que el David verdadero. Mientras sigo al David actual, mientras soy uno con mi Cristo, todo lo que haga en Su presencia estará bien. ¿Puede usted decir esto mismo? ¿Tiene usted la visión que le permite declarar esto?

CRISTO ES EL TEMPLO VERDADERO

Entonces el Señor Jesús añadió algo. El dijo: "¿O no habéis leído... ?" (12:5). No crea que usted entiende la Biblia mejor que el Señor Jesús. Nuevamente el Señor Jesús les preguntó: "¿O no habéis leído en la ley que en los sábados los sacerdotes en el templo profanan el sábado, y son sin culpa?" Incluso es lícito que los sacerdotes profanen el día de sábado. Mientras están en el templo no hay obligación, son libres de la ley. Si están fuera del templo, deben observar el sábado, pero si están en el templo, son libres de tal observancia. El templo es su emancipación. El Señor Jesús dijo: "Pues os digo que hay aquí algo mayor que el templo" (v. 6). En realidad el Señor Jesús estaba diciendo a los fariseos: "Mis discípulos comían en el templo. Quebrantaron el precepto sabático estando en Mí, en el templo real. Mientras estén en Mí, todo lo que hagan está bien. ¿Qué pueden contestar a esto? ¿Creen que realmente conocen la Biblia? Les aseguro, fariseos y escribas, que la conocen muy poco. En realidad, no la conocen bien. ¿O no habéis leído? A los sacerdotes se les permitía quebrantar el precepto sabático en el templo. Ahora, Yo soy el Templo verdadero, y Mis discípulos son los sacerdotes que están en Mí. Todo lo que hacen, aún cuando se oponga a la ley, no va en contra de ella, porque ellos están en el Templo. Por lo tanto, son libres".

Si usted se encuentra fuera del Templo, está atado, pero si se halla en el Templo, es libre. Si usted está fuera de Cristo, se encuentra bajo la esclavitud, pero si está en Cristo, es libre. ¡Esto es maravilloso! Hoy en día, Cristo no es solamente el templo, sino que es el Templo verdadero. ¿No es esto bueno? Usted nunca podría aventajar al Señor Jesús. No venga ante El con la intención de ganar su argumento. Dicho de otra manera, su argumento no tiene base. No diga que ha perdido; porque de todos modos, nunca tuvo un argumento válido. Jesús tiene toda la razón. ¿No habéis leído lo que hizo David? ¿No habéis leído acerca de los sacerdotes en el templo? ¿No habéis leído? Por tanto, es mejor que guarden silencio.

CRISTO ES EL SEÑOR DEL SABADO

Los fariseos juzgaban que no era lícito comer espigas en el día de sábado. Finalmente el Señor Jesús les dijo: "El Hijo del Hombre es Señor del sábado" (v. 8). Lo que en realidad estaba diciendo el Señor, era: "Antiguamente Yo tenía el derecho de establecer el sábado, y ahora tengo el derecho de anularlo. ¿Qué tiene de malo eso?" En mi muñeca izquierda tengo puesto un reloj. Es mi reloj. Por la mañana me lo puse, pero supongamos que ahora me lo quiero quitar. ¿Qué podrían decir ustedes? Es mi reloj y puedo hacer lo que yo quiera con él. El Señor les dio a entender: Yo soy el señor del reloj. Si quiero ponérmelo, me lo pongo; si quiero quitármelo, me lo quito. De igual manera, el Señor Jesús dijo: "Yo soy el Señor del sábado". El estaba diciendo implícitamente: "Soy el Señor no solamente del sábado, sino de ustedes también". ¡Aleluya!

Si tenemos a Cristo, tenemos al verdadero David, tenemos a alguien que es superior al templo. ¡Aleluya! Si tenemos a Cristo, tenemos al Señor del sábado. Esto es muy bueno. Su nombre es "Yo soy". No podemos decir otra cosa que: "¡Oh Señor, Amen, Aleluya!"

CRISTO RESTAURA LA MANO SECA DE UN HOMBRE

¿Se da cuenta usted que Cristo es incompatible con la religión? Pues sepa que aquello fue sólo el primer sábado. Después de eso, vemos otro sábado en el capítulo doce. Después del primer sábado, el Señor Jesús entró en la sinagoga el día de reposo, y se encontraba allí un hombre que tenía una mano seca. Entonces los religiosos aprovecharon la oportunidad para tentar nuevamente al Señor Jesús, y le preguntaron: "¿Es lícito sanar en sábado?" (v. 10). Aquí vemos el caso de un hombre que tenía la mano seca; no es el caso de un hombre completo, sino el caso de una mano, de un miembro del cuerpo. Esto es muy significativo. En el primer sábado, el Señor Jesús se ocupó de Sí mismo como Cabeza del Cuerpo. Ahora, en el segundo sábado, El debía cuidar de Sus miembros. Aquí vemos una mano seca, un miembro seco, casi muerto. El Señor contestó a los fariseos: "¿Qué hombre habrá de vosotros, que tenga una oveja, y si ésta cae en un hoyo en sábado, no le echa mano y la levanta? Pues ¡cuánto más vale un hombre que una oveja!" (12:11-12). En otras palabras El dijo: "¿Entonces que hay de malo si sano a este miembro seco?" La mano es un miembro del cuerpo, y la oveja es un miembro del rebaño. ¿Puede ver esto? Ese sábado el Señor indicó que El haría todo lo necesario para sanar a Sus miembros, para rescatar a Sus ovejas caídas. Sea sábado o no, el Señor está interesado en sanar a los miembros muertos de Su Cuerpo. Al Señor no le importan los reglamentos; a Sus ojos el rescate de Sus ovejas caídas tiene primordial importancia. El primer sábado aprendimos la lección siguiente: Cristo, la Cabeza, lo es todo; El es David, es mayor que el templo, y es Señor del sábado. Pero el segundo sábado nos enseña otra lección: el Señor Jesús se interesa por Sus miembros secos, Sus ovejas caídas. Esto es muy significativo.

Hoy el cristianismo se preocupa por los reglamentos, pero no se interesa por Cristo, la Cabeza. Los cristianos de hoy se preocupan más por sus formalidades, doctrinas y normas que por los miembros secos del Cuerpo de Cristo; no se preocupan por las ovejas del rebaño.

A principios del año 1968 sucedió en Los Angeles que el Señor nos guió a ser sepultados [bautizados]. Esto aconteció durante la conferencia de año nuevo. Yo no tenía ninguna intención de alentar a la gente a ser sepultada. Sin embargo, al final de una reunión, alguien dijo: "Quiero ser sepultado". Entonces otros le siguieron, hasta que muchos hermanos y hermanas fueron sepultados. Todos fueron conmovidos profundamente por este hecho, y testificaban que estaban sepultando su vejez, y de esta manera fueron avivados. Yo quedé muy sorprendido por este deseo de ser sepultados. Inicialmente tuve la intención de decir una palabra para detener lo que estaba sucediendo, pero el Espíritu dentro de mí me lo impidió. ¿Quién era yo para detener algo que venía del Espíritu Santo? Así que, no dije ni una sola palabra hasta el tercer día, cuando predije que ciertamente los religiosos iban a empezar a criticar a la iglesia en Los Angeles por este hecho. Las críticas llegaron a los diez días. Ellos decían: "Hay una herejía en Los Angeles". "Muchos creyentes que se habían bautizado correctamente, ahora se están bautizando de nuevo. Argumentaban diciendo: ¿Cual es la base bíblica que justifica el segundo bautismo de un creyente que ya fue bautizado correctamente?" No me gusta discutir, pero quiero decirles que numerosas "manos" secas fueron sanadas. Esto no sucedió únicamente en Los Angeles; pues después de eso, en varios lugares, muchos "muertos" fueron avivados por medio de esta especie de entierro voluntario. ¿Qué podemos decir a esto? Nada.

¡Cuán pobre es el cristianismo! Allí no se preocupan si usted está seco o viviente; lo único que les interesa es que cumpla con sus reglamentos. Si usted guarda el "sábado" todo estará bien, aunque tenga una mano seca; eso no les interesa en absoluto. ¿Pero dónde está el descanso? El descanso no existe para el hombre de la mano seca. Lo que el Señor Jesús estaba diciendo en realidad era lo siguiente: "No me interesa el sábado; sólo me interesan Mis miembros, Mis ovejas caídas". Los religiosos decían: "Miren, nosotros somos tan correctos, tan bíblicos, tan ordenados". Pero el Señor Jesús daba a entender: "No importa nada de eso. Lo único que me interesa es sanar a Mis miembros y rescatar a Mis ovejas". Al Señor no le preocupan los reglamentos religiosos. ¿Qué significa observar el sábado? No significa nada. No obstante, sanar una mano seca es algo muy importante. Sacar del hoyo a la oveja caída es lo más importante. Si tantos centenares de personas fueron avivadas al ser "sepultadas", ¿qué podemos argumentar contra eso?

Algunos opinan que nuestras reuniones son demasiado ruidosas, y no toleran nuestros gritos y alabanzas. Pero mire el fruto. Hoy en día, si usted va a las iglesias cristianas de Estados Unidos los domingos por la mañana, difícilmente encontrará personas menores de treinta años de edad. La mayoría allí son personas mayores. En cambio, entre nosotros la mayoría tiene menos de treinta años. ¡Hay tantos jóvenes que se han entregado al recobro del Señor! Lo único que les interesa es Cristo como Cabeza y la iglesia con todos los miembros como el Cuerpo. Por tanto, ¿qué dice usted? ¡Oh, sepulte la vieja religión muerta! Ha permanecido en ella durante años como un miembro seco.

El Señor no se molesta si la gente es ruidosa. En varias ocasiones el libro de los Salmos dice: "¡Aclamad a Dios con alegría! (66:1; 81:1; 95:1, 2; 98:4, 6; 100:1). Dios es Dios de vivos, y no de muertos. Los vivos deben ser ruidosos; sólo los muertos guardan silencio quietamente. No es necesario ordenarles a los muertos que se queden tranquilos; ellos están muy tranquilos porque están muertos. Esta no es la era de las formalidades, ni es la era de la religión. Más bien, es la era del Cristo vivo y de los miembros vivientes; no del Cristo que imparte enseñanzas y doctrinas, sino del Cristo que da vida, del Cristo que es el Espíritu vivificante. Miren a todos estos jóvenes entregados a Cristo y a la iglesia. Ellos incendiarán a todo el país con el fuego del Señor.

El Señor no se preocupa sólo por Sí mismo como Cabeza, sino también se interesa por Sus miembros. El sanará a los miembros secos y rescatará a las ovejas caídas. El edificará una iglesia viviente y no una iglesia formal. Aleluya, los discípulos hambrientos quedaron saciados, el hombre de la mano seca halló descanso y la oveja que había caído en el hoyo fue rescatada. "Venid a Mí todos los que trabajáis arduamente y estáis cargados, y Yo os haré descansar". Esto significa, por el lado negativo, que El quitará todos los reglamentos, y por el lado positivo, que El nos alimentará, sanará, rescatará y nos dará descanso. El es el único medio para obtener descanso. El descanso no se halla en algo religioso; la religión sólo pone cargas sobre nosotros. Cristo es nuestro verdadero descanso; Su yugo es fácil y Su carga ligera. ¿Por qué decimos esto? Porque éste es un asunto de vida. Todo lo que concierne a la vida es agradable y fácil de llevar.

CRISTO ES SUPERIOR A JONAS

El capítulo doce menciona otro asunto religioso que fue presentado al Señor Jesús: "Entonces respondieron algunos de los escribas y de los fariseos, diciendo: Maestro, deseamos ver de Ti señal" (v. 38). Una señal es algo sobrenatural, algo que sucede milagrosamente. Por supuesto, el Señor Jesús realizó muchos milagros mientras estuvo sobre esta tierra. Pero cuando los religiosos vinieron y le pidieron que les mostrara algún milagro, El se negó a hacerlo. Esto significa que el Señor Jesús nunca hace un milagro de manera religiosa. Hablando en términos humanos, a todos nos gusta ver milagros. Esta disposición o inclinación es totalmente natural y religiosa. Si hoy el Señor efectuara un milagro entre nosotros, todos estaríamos muy entusiasmados; ésta sería una reacción completamente natural y religiosa. Cuando los escribas y los fariseos le pidieron un milagro, El contestó: "La generación malvada y adúltera busca señal; y señal no le será dada, sino la señal del profeta Jonás. Porque como estuvo Jonás en el vientre del gran pez tres días y tres noches, así estará el Hijo del Hombre en el corazón de la tierra tres días y tres noches" (vs. 39-40). El Señor dijo que no haría ningún milagro para ellos; sólo les habló de la señal del profeta Jonás. Jonás pasó tres días y tres noches dentro de un gran pez, y finalmente salió; esto fue indudablemente un milagro, pero no un milagro hecho de manera religiosa. El milagro de Jonás fue un milagro hecho en la semejanza de la resurrección: es un cuadro que describe al Cristo resucitado. Cristo fue puesto en el corazón de la tierra, en un lugar aún más profundo que el vientre del gran pez. Pero después de tres días y tres noches, El salió en resurrección. Esta resurrección es Cristo; este Cristo en resurrección es el único milagro para hoy.

El pensamiento natural y religioso del hombre sostiene que si pudiéramos hacer milagros, ciertamente podríamos establecer una buena iglesia. Pero no es así. Mediante los milagros que el Señor realizó mientras andaba en la tierra, El ciertamente atrajo a las multitudes. No obstante, después de Su ascensión, sólo quedaron ciento veinte personas reunidas en el aposento alto (Hch. 1:15). Yo creo que esta cantidad representaba menos de una persona por cada mil, de las multitudes que seguían al Señor en los pueblos y campos de Judea y de Galilea. En sólo uno de Sus milagros fueron alimentados cinco mil hombres, mas las mujeres y los niños (Mt. 14:21). Aún después de la resurrección del Señor, El apareció a quinientos hermanos en una ocasión (1 Co. 15:6). No obstante, después de Su ascensión, sólo quedaron reunidos ciento veinte discípulos. ¿En dónde estaban todos los demás? Los únicos que permanecieron firmes fueron aquellos que tenían alguna experiencia del Cristo resucitado como vida en ellos. Lo único que nos puede edificar como iglesia no son los milagros, sino la vida de resurrección, es decir, el Cristo resucitado.

Aquí vemos el caso de unas personas que vinieron al Señor y le pidieron una señal. Sin embargo, el Señor Jesús les contestó que no habría ninguna señal adicional, ningún milagro. La única señal es la resurrección, o sea, el Cristo resucitado. Todos debemos conocer, experimentar y poseer al Cristo resucitado y ser poseídos por El. Incluso Pablo, cerca del final de su vida, expresó su anhelo de conocer a Cristo y el poder de Su resurrección (Fil. 3:10), y no los milagros. Pablo mismo había realizado numerosos milagros durante su vida, pero no depositó su confianza en ello. El sólo quería conocer a Cristo y el poder de Su resurrección. No se trata de milagros exteriores, sino de la resurrección interior. No se trata de señales, maravillas y milagros, sino del Cristo poderoso y resucitado. Debemos ver al Cristo resucitado.

CRISTO ES SUPERIOR A SALOMON

Después de referirse a Jonás, el Señor habló de Salomón. Según la secuencia histórica, Salomón precedió a Jonás. No obstante, aquí la secuencia espiritual presenta a Jonás antes que a Salomón. Lo que Jonás tipifica del Señor Jesús ocupa el primer lugar; luego sigue lo que Salomón tipifica acerca del Señor. Jonás tipifica al Cristo resucitado; Salomón tipifica a Cristo como Aquel que está en resurrección con sabiduría para cumplir el propósito eterno de Dios, a fin de edificar la casa de Dios, el templo, y gobernar sobre el reino de Dios. Primero, nuestro Cristo es el Jonás de hoy, y después, El es el Salomón actual. El resucitó, y en resurrección posee la sabiduría para edificar la casa de Dios y gobernar sobre el reino de Dios, a fin de cumplir Su economía. Lo que necesitamos no son señales ni milagros, sino al Cristo resucitado como nuestra vida de resurrección para edificar la casa de Dios, y cumplir así el propósito de Dios, Su economía.

EL RECOBRO ACTUAL DEL SEÑOR

Estoy muy contento por la abundante gracia que el Señor ha mostrado a la iglesia en Los Angeles. Algunos santos queridos han venido a nuestras reuniones, y después de estar aquí por algún tiempo han hecho el siguiente comentario: "Es realmente extraño: ustedes no hablan en lenguas; no obstante, sus reuniones tienen más vida que las reuniones de aquellos que hablan en lenguas". Antes de eso, nunca se hubieran imaginado que existían reuniones tan vivientes sin el hablar en lenguas. El santo querido que hizo este comentario en Los Angeles, dijo lo mismo en la iglesia en Houston. El declaró: "incluso nosotros que hablamos en lenguas, no tenemos esta clase de reuniones". Al Señor Jesús no le interesan las formalidades, los ritos ni las tradiciones, a El sólo le preocupa que tengamos Su presencia.

La era de las doctrinas y de los dones ha pasado. Con esto no queremos decir que hoy no tenemos doctrinas ni dones. Todos sabemos que el recobro del Señor empezó con Martín Lutero. En aquel tiempo, la verdad que el Señor recobró fue la justificación por fe. Ahora podemos decir, y creo que todos lo entendemos claramente, que la era del recobro de la justificación por fe ha terminado. Esto no quiere decir que no necesitamos la justificación por fe. Después de Martín Lutero, el asunto de la santificación por fe fue también recobrado. Si leen la historia del recobro del Señor, se darán cuenta de que en cierta época, muchos siervos del Señor, incluyendo a John Wesley, se centraron totalmente en el asunto de la santidad. En ese entonces el asunto de la santificación o de la santidad fue plenamente recobrado. Un poco más tarde, el asunto de la vida interior también fue recobrado. Estas son las varias etapas o eras del recobro del Señor. La primera etapa de Su recobro fue la justificación por fe. Más adelante, fue recobrada una verdad tras otra, en cada era. Al final del siglo XIX y al principio del XX, la experiencia pentecostés fue recobrada. Resulta difícil remontarnos a su origen; algunos dicen que empezó con el avivamiento de Gales en 1903 y 1904; otros afirman que empezó antes. En todo caso, el Señor llevó a cabo un recobro claro por medio del movimiento pentecostal o pentecostés. Para algunos, la palabra "pentecostal" no tiene una buena connotación. Pero ciertamente es un término bíblico, es un buen término; es algo del recobro del Señor. En aquel recobro hubo indudablemente muchas manifestaciones verdaderamente milagrosas. Sin embargo, todos debemos entender esto: así como la etapa de la justificación por fe ha terminado, también se ha terminado la etapa del recobro del movimiento pentecostal. No obstante, esto no significa que no necesitamos la experiencia pentecostal ni las cosas que se relacionan con ésta. Lo que queremos decir es que el Señor ha seguido adelante para obtener un recobro más profundo, un recobro de Cristo, del Espíritu, y de la vida de iglesia. Esta es la era de dicho recobro.

No estamos diciendo que no necesitamos todas las verdades que se recobraron anteriormente. ¡Aleluya, porque hemos heredado todo lo que ya ha sido recobrado! En la vida de iglesia tenemos la justificación por fe y la santificación por fe; tenemos también todos los demás aspectos del recobro del Señor, incluyendo la experiencia pentecostal. Lo que quiero decir es lo siguiente: si insistimos en cualquiera de estos aspectos, erramos al blanco. Si sólo damos énfasis al asunto de la justificación por fe, nos quedamos cuatrocientos o quinientos años atrás. Si nos preocupamos únicamente por la era del movimiento pentecostal, nos quedamos por lo menos tres cuartos de siglo atrás. Por favor, les pido que no interpreten mal mis palabras y que no piensen que nos oponemos a la justificación por fe ni a cualquier otra verdad recobrada por el Señor en el pasado. No estamos en contra del verdadero hablar en lenguas ni de los dones pentecostales. No se trata de eso, en absoluto. Más bien, somos partidarios de la iglesia, de la iglesia que todo lo incluye, y no de las denominaciones ni de las sectas fundadas sobre ciertas verdades particulares. La iglesias luteranas fueron fundadas sobre la doctrina de la justificación por la fe. Las iglesias de la santidad fueron fundadas sobre la doctrina de la santidad. Las iglesias pentecostales fueron fundadas sobre la experiencia pentecostal. No obstante, la iglesia no está fundada sobre ninguno de estos asuntos. Más bien, la iglesia está fundada sobre la unidad de todos los creyentes, la unidad que incluye a todos los creyentes.

Hoy en día, la era del recobro del Señor es la era de experimentar a Cristo como vida, como Espíritu vivificante, y de practicar la vida de iglesia. Nuestra experiencia nos muestra que la única posibilidad que tienen las iglesias locales de ser edificadas con solidez y vida, es por medio de Cristo como vida en nuestro espíritu. Debemos experimentar día tras día a aquel que es superior a Jonás y a Salomón: es superior a Jonás para ser nuestra vida de resurrección, y es superior a Salomón para cumplir el propósito eterno de Dios, a saber, edificar Su casa e introducir Su reino. ¡Aleluya! hoy en día tenemos a Cristo, quien es más que Jonás y Salomón!

En esta porción maravillosa de Mateo, vemos a Cristo como: el David actual, la realidad del templo, el Señor del sábado, y como aquel que es superior a Jonás y a Salomón. Si usted posee a Cristo en todos estos aspectos, obtendrá el descanso. El Señor Jesús dijo: "Venid a Mí todos los que trabajáis arduamente y estáis cargados, y Yo os haré descansar. Mi yugo es fácil, y ligera Mi carga". En otras palabras, El dijo: "Sólo venid a Mí: Yo soy vuestro David, quien puede satisfaceros plenamente; Soy mayor que el templo, en Mí sois liberados de toda clase de cautiverio y preceptos; Yo Soy el Señor del sábado, quien puede daros descanso y quien es vuestro descanso; Soy superior a Jonás, que os suministra algo de la resurrección; y Soy superior a Salomón, llevando a cabo continuamente la economía de Dios en vosotros, por medio de vosotros y entre vosotros". ¿Dónde más podríamos encontrar descanso? Esta es la única manera de hallar reposo.

Conozco a evangelistas, misioneros y obreros cristianos que laboran arduamente día tras día en su obra evangélica. Sin embargo, mientras trabajan, no tienen descanso. No estoy criticándolos, estoy describiendo la realidad. Si ellos revelaran honestamente su experiencia, admitirían que no tienen ningún reposo. Luego, usted podría devolverme la pregunta: "¿Y qué de usted, hermano?" Les puedo asegurar por la gracia del Señor que trabajo muchísimo, pero descanso todo el tiempo. Soy tan feliz, muy feliz, pues tengo a aquel que es más grande que Jonás y Salomón. Tengo a Cristo como mi vida de resurrección, y estoy en el cumplimiento de la economía eterna de Dios. ¡Aleluya, no existe nada mejor!

Capitulo cuatro

REVELACION, VISION Y APLICACION

Lectura bíblica: Mt. 16:13-19, 17:1-9, 24-27

Durante muchos años hemos estudiado, principalmente, las epístolas: Efesios, Romanos y las demás cartas escritas por el apóstol Pablo. En ocasiones hemos permanecido en el Evangelio de Juan. ¡Ciertamente estos libros son maravillosos! Pero este año el Señor nos ha abierto el Evangelio de Mateo y hemos recibido algo nuevo en él. Me gusta mucho este Evangelio; no me puedo apartar de él. ¡Se los recomiendo mucho! ¡Todos debemos amar este libro!

Hemos visto que Mateo presenta a Jesús en Su aspecto de Novio con los cuatro elementos que mencionamos anteriormente: el odre nuevo, el vino nuevo, y el paño nuevo, con el que se hace el vestido nuevo. En los demás libros del Nuevo Testamento, no vemos ninguno de estos elementos tan significativos. Sé que a ustedes les gusta el Evangelio de Juan, pero en Juan no pueden encontrar el vestido nuevo, el vino nuevo, ni el odre nuevo. Antes tenía preferencia por Juan, quizás más que ustedes, pero ahora prefiero a Mateo. Ciertamente el Evangelio de Juan es muy rico, pero no lo incluye todo. Sin embargo, el Evangelio de Mateo lo abarca todo, es un libro muy precioso.

TRES ETAPAS DE UNA SOLA EXPERIENCIA

Ahora llegamos a los capítulos dieciseis y diecisiete de Mateo, donde vemos tres secciones: capítulos 16:13-19; 17:1-9; y 17:24-27. Si usted ora-lee estas tres secciones con atención, se dará cuenta de que presentan tres etapas de una sola experiencia. Si queremos experimentar la esfera espiritual, necesitamos estas tres etapas. ¿A qué etapas nos referimos?

En la primera sección, en el capítulo 16:13-19, el Señor usó el término "reveló", cuando dijo: "...no te lo reveló carne ni sangre, sino Mi Padre que está en los cielos" (v. 17). Esto significa que la revelación es la primera etapa por la que debemos pasar para experimentar algo del Señor. La revelación es más que un simple conocimiento y entendimiento; es la comprensión de algo en lo profundo de nuestro ser. En este pasaje, formado por estos dos capítulos, Pedro y los demás discípulos recibieron una revelación. Luego, en la segunda sección, en el capítulo 17:1-9, el Señor mencionó la palabra "visión". En el versículo nueve dice: "Jesús les mandó, diciendo: No digáis a nadie la visión, hasta que el Hijo del Hombre haya resucitado de los muertos". Esto indica que para experimentar algo de Cristo, la segunda etapa: la visión, es más profunda que la revelación. ¿Cual es la diferencia entre revelación y visión? En griego, la palabra "revelación" significa quitar el velo. Cuando se corre el velo que cubre un objeto, podemos ver dicho objeto: esto es una revelación. No obstante, puedo quitar el velo sin que entre la luz. Además, podría quitar el velo, pero tal vez usted haya nacido ciego. Por tanto, necesitamos la revelación, el correr de velo, pero también necesitamos la luz y la vista. Entonces recibimos la visión. No solamente necesitamos una revelación, sino también una visión.

En todos estos mensajes mi propósito es quitar los velos. Quito uno tras otro. En el último mensaje les quité un velo, y en este mensaje les quitaré otro. Deseo que puedan ver esta persona maravillosa; así que, quitaré velo tras velo. Tal vez usted piense que en cuanto los velos desaparezcan, podrá ver perfectamente. Pero yo sólo puedo quitar los velos; no puedo hacer que la luz resplandezca sobre usted. La luz viene de los cielos, de Dios mismo, quien manda que la luz resplandezca en las tinieblas. Yo no puedo hacer eso, pues no soy Dios. Pero si usted recibe la misericordia de Dios, la luz resplandecerá inmediatamente. Sin embargo, usted aún necesita algo más: la vista. No requiere solamente la luz, sino también la vista. La visión surge de estos tres elementos en conjunto: el correr de los velos, la luz y la vista.

Si queremos experimentar a Cristo, el primer paso necesario consiste en obtener revelación. Después necesitamos recibir una visión. Sin embargo, aún después del segundo paso, todavía no tenemos la verdadera experiencia. Por lo tanto, debemos examinar la tercera sección de estos dos capítulos, que se encuentra en el capítulo 17:24-27, donde podemos ver la aplicación. La aplicación es la tercera etapa. Después de la revelación, necesitamos la visión, y después de la visión requerimos la aplicación. Primero debemos entender algo, después necesitamos verlo, y finalmente tenemos que aplicarlo. Yo no les puedo ayudar en esto. Lo repito, todo lo que puedo hacer es quitar los velos. Dios por Su misericordia puede resplandecer desde los cielos y concederles la vista, a fin de que reciban la visión, pero después de recibir la visión, todavía necesitan aplicarla. Deben hallar la manera de aplicar lo que han visto. Pedro primero recibió la revelación, después obtuvo la visión, y finalmente aprendió la aplicación, de una manera tan drástica que nunca pudo olvidarla. En realidad, cuanto más nos cuesta aprender algo, más difícil nos resulta olvidarlo. Pedro jamás pudo haber olvidado esa lección. ¡Aleluya, el Señor lo logró y Pedro lo logró también! No quiero decir que Pedro lo haya logrado por sí mismo, sino que el Señor lo hizo pasar por tal experiencia. El Señor lo condujo a través de la revelación, de la visión y de la aplicación.

Examinemos detenidamente estas tres etapas. ¿Cuál fue la revelación? ¿Cuál fue la visión? ¿Y cuál fue la aplicación que Pedro aprendió?

LA REVELACION

Fuera de la religión

Mateo siempre pone en evidencia la condición de los religiosos. Todo lo que Mateo narra acerca de Cristo aconteció fuera de la religión. En la primera sección de Mateo 16, leemos: "Viniendo Jesús a la región de Cesarea de Filipo..." (v.13). Si usted observa en un mapa, descubrirá que Cesarea de Filipo estaba lejos, al norte, aún más al norte que Galilea. En realidad se encuentra en el extremo más lejano de Palestina. Isaías 9:1 nos dice que Galilea era de los gentiles. Pero este lugar estaba aun más lejos que Galilea; por lo tanto, era tierra aún más pagana. Se encontraba casi fuera de la tierra santa, o por lo menos en el límite territorial. En aquel tiempo había un lugar santo, el templo santo, la ciudad santa y la tierra santa: una esfera cuatro veces santa. Jesús se mantuvo apartado de todos estos lugares santos. En aquel tiempo las cosas santas eran las cosas religiosas. La expresión "cuatro veces santo" significa cuatro veces religioso. La tierra era religiosa, la ciudad era religiosa, y el templo con todo lo que contenía, eran cosas religiosas. Jesús se fue a la región de Cesarea de Filipo y se apartó de todo eso.

Jesús no introdujo a Sus discípulos a la ciudad de Cesarea de Filipo, sino que permaneció fuera de la ciudad, en esa región. Y en ese lugar completamente gentil, el Señor preguntó a Sus discípulos: "¿Quién dicen los hombres que es el Hijo del Hombre?" En otras palabras, El les estaba preguntando: "¿Quién dicen las personas de la esfera religiosa que soy Yo?"

Si queremos ver o aprender algo del Señor Jesús, debemos salir de la religión. Si usted permanece en la religión, en alguna denominación o iglesia supuestamente cristiana, difícilmente recibirá revelación. Debe abandonar todo lo religioso. En el templo los sacerdotes seguían orando, ofreciendo sacrificios, quemando incienso, encendiendo el candelero, etc. Todo lo que ellos hacían y reflejaban era religioso. Pero el Señor Jesús apartó a Sus discípulos del sacerdocio, del templo, de la ciudad santa y de la región santa. El les preguntó: "¿Quien dicen los hombres que es el Hijo del Hombre?" Y ellos le contestaron: "Unos, Juan el Bautista; otros, Elías; y otros, Jeremías, o uno de los profetas" (16:14). Respondieron con los nombres de todos los personajes religiosos más importantes, los "peces gordos". Así hablaban los religiosos acerca de Jesús. La comprensión que tenían del Señor Jesús era completamente religiosa. El Señor nunca ha apreciado esa clase de entendimiento.

La revelación en cuanto a Cristo

Entonces el Señor Jesús se dirigió a Sus discípulos y prácticamente les pidió que abandonaran la manera religiosa de entender las cosas. El les preguntó: "¿Y vosotros, quién decís que soy Yo?" Y Simón Pedro respondió: "Tú eres el Cristo, el Hijo del Dios viviente" (v. 16). Los cuatro evangelios muestran que Pedro casi siempre se equivocaba. En una sola ocasión acertó, precisamente en esta ocasión. Pedro siempre tomaba la iniciativa, y una persona así de precipitada siempre comete muchos errores. No obstante, aunque Pedro por lo general erraba al blanco, esta vez acertó. El dijo que Jesús era "el Cristo, el Hijo del Dios viviente". Esa fue una revelación.

La revelación en cuanto a la iglesia

Pedro recibió la revelación de Cristo, y el Señor Jesús lo apreció mucho. Pero en el versículo siguiente, el Señor le dijo: "Y Yo también te digo..." (v. 18). Pedro había recibido sólo el cincuenta por ciento de la revelación. La revelación que Pedro vio era totalmente correcta, pero era insuficiente. El vio quién era Cristo; esto es maravilloso, pero incompleto. Debemos subrayar la palabra "también", al principio del versículo 18, pues es muy significativa. Al usar esta palabra, lo que en realidad el Señor Jesús estaba diciendo a Pedro, era: "Lo que has visto está absolutamente correcto, pero es sólo el cincuenta por ciento, solamente la primera mitad; aún necesitas la segunda mitad". Luego Jesús prosiguió y le habló acerca de la iglesia. Cristo es la primera mitad de la revelación divina, y la iglesia es la segunda mitad. La Cabeza es la primera mitad ,y el Cuerpo, la segunda mitad.

Si usted quiere ver a una persona y sólo la cabeza está descubierta, esa revelación es incompleta. Debe ver la totalidad de la persona, no solamente la cabeza sino también el cuerpo. Efectivamente quizás usted haya visto a Cristo, y eso es maravilloso. Pero debe entender que el propósito de Dios no incluye únicamente la Cabeza, sino también Su Cuerpo. Usted ha visto a Cristo, pero a fin de cumplir el propósito de Dios, necesita ver también la iglesia. Por tanto, el Señor Jesús dijo: "Y Yo también te digo..." Debemos subrayar la palabra "también".

En los últimos años hemos visto algo de la iglesia, y por tal razón no podemos dejar de testificar a los demás lo que hemos visto. Es por eso que nos acusan de hablar demasiado de la iglesia. Algunos amigos queridos dicen que son partidarios de Cristo. Dicen que con tener a Cristo es suficiente, y sólo hablan de Cristo como Cabeza. Nosotros hemos visto que Cristo es la Cabeza, pero también hemos visto el Cuerpo. Decimos a todos que la Cabeza es muy importante, la Cabeza es preciosa y es maravillosa. Pero si usted tuviese solamente una cabeza sin cuerpo, ¿qué clase de persona sería? Si sólo tenemos a Cristo sin la iglesia, ¿qué es eso? Supongamos que al reunirnos vemos la cabeza de un hermano flotando en el local de reunión. Lo más seguro es que todos saldríamos aterrorizados. La cabeza necesita al cuerpo. Oh, ¡cuánto necesita Cristo a la iglesia! El problema es el siguiente: las personas hablan mucho de la Cabeza, pero descuidan al Cuerpo. Algunos no sólo descuidan al Cuerpo, sino que se oponen a éste, e impiden que otros hablen de él. Por tanto, no debemos sólo dar énfasis a la Cabeza, sino también al Cuerpo. No es un asunto sólo de Cristo, Cristo, Cristo, sino también de la iglesia, la iglesia, la iglesia.

En otras palabras, el Señor Jesús estaba diciendo a Pedro: "Es maravilloso que hayas visto a Cristo, pero debes ver algo más. Yo también te digo que edificaré Mi iglesia sobre lo que tú has visto. Tu eres Pedro, una piedra. Yo te edificaré con todos los demás como Mi iglesia sobre esta roca. De ahora en adelante ya no eres una persona independiente, sino una piedra que forma parte de la edificación de la casa, un miembro más edificado en el Cuerpo. Edificaré Mi iglesia; esto significa que te edificaré como piedra con todos los demás para formar la iglesia. Sobre esta base, te daré las llaves del reino de los cielos. Tú Simón, no eres digno de tener las llaves individualmente. No eres apto para ello, pero como piedra del edificio, como miembro del Cuerpo, sí tienes la posición para poseer las llaves del reino de los cielos". La revelación que necesitamos concierne primeramente a Cristo y luego a la iglesia.

Es muy triste ver que en el cristianismo actual tantos cristianos se refieren a Mateo 16 y hablan mucho de Cristo, pero se olvidan de la iglesia. No sólo necesitamos ver a Cristo, sino también a la iglesia. El gran misterio de Dios es Cristo y la iglesia (Ef. 5:32). Esta es la revelación.

LA VISION

Después de un período específico de tiempo

La segunda sección empieza en Mateo 17:1, donde dice: "Seis días después..." En Lucas 9:28, un relato paralelo, leemos: "Aconteció como ocho días después de estas palabras..." ¿Cuál es la diferencia en cuanto al tiempo entre estos dos pasajes? En realidad no existe ninguna diferencia. Eran seis días después, pero según el calendario judío podemos decir que eran también ocho días, incluyendo la última parte del primer día y la primera parte del último día. En todo caso, el periodo aquí se refiere a una semana después del acontecimiento mencionado en el capítulo dieciseis. Una semana es un ciclo o período específico de tiempo; al igual que un día, un mes o un año con sus cuatro estaciones también constituyen ciclos o períodos específicos de tiempo. Para ver algo del Señor todos necesitamos un período específico de tiempo, eso es algo que no depende de nosotros. Supongamos que esta mañana usted se perdió la salida del sol: tendrá que esperar otro ciclo igual de tiempo, hasta la mañana siguiente, para tener otra oportunidad de verla. Supongamos que no ha visto la luna llena últimamente: no podrá verla en el momento que usted lo desee, sino que tendrá que esperar hasta el próximo ciclo lunar, hasta el mes siguiente. Quizás no haya visto los cerezos en flor este verano: pues no podrá verlos florecer hasta el siguiente verano, y no durante el otoño ni el invierno, sino que deberá esperar otro año, otro ciclo determinado de tiempo. Si deseamos ver algo del Señor, debemos aprovechar la oportunidad o período presente; no debemos desaprovechar ninguna oportunidad. Si en una reunión usted no ve algo de El, tendrá que esperar hasta la siguiente reunión. Si pierde la oportunidad en una conferencia, tendrá que esperar hasta la próxima conferencia. Así que, los tiempos y las estaciones son necesarios y muy significativos. Procure no perder ningún día, semana ni año; no desperdicie ninguna oportunidad. Si desaprovecha su oportunidad, ciertamente tendrá que esperar otro periodo.

En la cumbre del monte

Los discípulos recibieron la revelación, pero debían esperar otra semana, otro ciclo específico de días, para ver algo más. No dependía de ellos, sino del Creador del tiempo. Esta vez, el Señor Jesús los llevó a la cumbre del monte, no solamente lejos de todas las cosas religiosas, sino incluso fuera de la esfera terrenal. A fin de recibir la revelación, debe alejarse de las cosas, personas y circunstancias religiosas; pero si desea recibir la visión, debe estar en la cima del monte ... cuanto más elevado, mejor. Cuando estamos en la cumbre tenemos una visión clara y vemos el panorama completo. Fue allí, no únicamente lejos de la esfera religiosa, sino incluso fuera de las cosas terrenales, que Jesús se transformó en otro Jesús. El Jesús que usted ve en la cima no es el Jesús que ve al nivel del mar. El Jesús en la cima es un Jesús transfigurado. Debemos estar en la cumbre para recibir la visión, para ver al Jesús transfigurado.

A nadie vieron sino a Jesús solo

Sin embargo, cuando tenemos una visión, a menudo surge alguna persona extraordinaria. No puedo explicar por qué sucede esto, pero conozco muy bien el hecho. Cuando Jesús se transfiguró, y mientras Pedro, Jacobo y Juan lo contemplaban, dos personajes extraordinarios aparecieron en el escenario: Moisés y Elías. Como ya sabemos, se desconoce el paradero de Moisés después de su muerte. Cuando Moisés murió, el Señor escondió su cuerpo. Nadie sabe en dónde fue sepultado (Dt. 34:5-6). Pero de repente, apareció. Mientras Jesús se transfiguraba, apareció esta persona extraordinaria. Al mismo tiempo apareció también otra personalidad sobresaliente: Elías. En cierto sentido, él también era un misterio, ya que fue arrebatado en un carro de Dios, y nadie sabe a dónde fue llevado (2 R. 2:11-12). Pero aquí, repentinamente aparecieron estas dos personas misteriosas.

¡Tenga cuidado! Pues cuando usted reciba una visión, pueden aparecer Moisés y Elías. ¿Por qué sucede esto? No lo puedo explicar, pero tenga cuidado, esté en guardia. Cuando Pedro recibió la revelación, tenía claridad y entendía perfectamente; pero ahora, al recibir la visión, él estaba totalmente confundido. Estaba tan confundido que empezó a hablar insensateces. Primero dijo: "Señor, bueno es que nosotros estemos aquí". Todo estaba bien hasta ese momento. Estar con el Señor para ver la visión es algo verdaderamente bueno, y no debemos añadir nada. Pero Pedro continuó: "Si quieres..." Pedro era muy religioso; él no haría nada por sí mismo sino que siempre lo haría por la voluntad de Dios. "Si quieres, haré aquí tres tiendas: una para Ti, otra para Moisés y otra para Elías". El pensaba que su proposición era maravillosa. Lo que Pedro estaba diciendo parecía bastante razonable, desde el punto de vista religioso. Sin embargo, mientras él aún hablaba, una nube los cubrió, y una voz del cielo sobresaltó a Pedro: "Este es Mi Hijo, el Amado, en quien me complazco; a El oíd". Dios le amonestó: "No digas que quieres hacer una tienda para Moisés y otra para Elías; existe una sola Persona ante Mí. Es Mi Hijo, el Amado ... a El oíd". Debido a que Jesús había llegado, ya no era necesaria la presencia de Moisés ni de Elías, ni de lo que ellos representaban. Moisés representaba a la ley y Elías a los profetas. Ya no había ni ley ni profetas; sólo quedó el Amado, el Hijo de Dios. La voz dijo: "Pedro, a El oíd. Deja de hablar". Pedro se quedó atónito y cayó al suelo con gran temor. Entonces a nadie vieron, sino a Jesús solo; a nadie más.

La revelación puede olvidarse

Podemos pensar que Pedro era demasiado rápido y que actuaba precipitadamente, y es verdad. Sin embargo, en esta visión Pedro no sólo habló necedades, sino que cometió un error más grave ya que se olvidó de dos cosas: se olvidó de Cristo y de la iglesia, se olvidó de la Cabeza y del Cuerpo. El había recibido la revelación plena de Cristo y de la iglesia, pero ahora en la visión, quedó tan frustrado que la olvidó por completo. Primero él se olvidó de Cristo como el Hijo del Dios viviente. Cuando dijo: "Haré aquí tres tiendas: una para Ti, otra para Moisés, y otra para Elías", él estaba disminuyendo a Cristo y elevando a las otras dos personas, puesto que ubicó a los tres en el mismo nivel. Esto indica que se olvidó de la revelación. ¿Pueden ver esto? Sólo Cristo es el Hijo de Dios. ¿Cómo podemos elevar a otra persona, por más sobresaliente y misteriosa que sea, al mismo nivel que Cristo? Si hacemos esto, nos olvidamos de la revelación de Cristo como Cabeza.

Además, Pedro olvidó también la revelación de la iglesia, la revelación del edificio de Dios. En realidad, Jesús le había dicho: "Tu eres una piedra. Yo te edificaré con otros como la iglesia. A partir de hoy no debes ser individualista. De ahora en adelante siempre debes recordar que estás edificado con los demás, nunca debes actuar por tu propia cuenta". Si Pedro hubiera tenido presente la revelación de la iglesia, no habría hablado como lo hizo. En el monte, durante la visión, Pedro actuó con un individualismo extremo, pues olvidó a todos los demás miembros. Jesús no llevó solamente a Pedro a la cima del monte, sino también a otros dos discípulos. No obstante, Pedro se olvidó de ellos. El olvidó la revelación de Cristo como la Cabeza, y olvidó también la revelación de la iglesia, incluyendo a Juan y Jacobo. No actuó en el Cuerpo, sino en sí mismo.

Hermanos y hermanas, tal vez ustedes digan: "¡Aleluya! Durante la conferencia, o mientras leía algún libro, recibí la revelación del Cuerpo. ¡La recibí!" No obstante, tan pronto como vuelven a su casa, o cuando dejan el libro a un lado, lo olvidan. Entonces vuelven a actuar por sí mismos, sin ninguna conciencia del Cuerpo, sin ningún entendimiento ni ningún sentir en cuanto al Cuerpo. Cuando piensan que cierta acción es correcta o que algo es bueno, simplemente lo hacen, sin considerar en absoluto a Jacobo y a Juan. El Señor le ha puesto a usted con Jacobo y Juan, pero usted no se preocupa en absoluto por ellos. Usted es una persona individualista y está acostumbrado a comportarse así. En el pasado siempre ha actuado de esta manera; usted es un verdadero Pedro. Su comportamiento en la cima del monte demuestra que ha olvidado por completo la revelación de Cristo como la Cabeza y de la iglesia como el Cuerpo.

El Señor le dio una lección a Pedro. En realidad el Señor le estaba diciendo: "Debes recordar que Yo soy la Cabeza y que tú eres sólo una piedra edificada en la casa. Ya no debes ser individualista, sino que debes actuar en coordinación con los demás y nunca debes olvidar a Jacobo y a Juan. No actúes por tu propia cuenta. ¿Por qué no consultas con los dos hermanos que están a tu lado? ¿Por qué eres tan individualista?" Necesitamos a la Cabeza y al Cuerpo; necesitamos a Cristo y a la iglesia.

LA APLICACION

Los cobradores de impuestos

Dios es soberano. El nos puede enviar algunas personas extraordinarias como Moisés y Elías, y también algunas personas problemáticas. En la última sección de estos dos capítulos, leemos: "Cuando llegaron a Capernaum, se acercaron a Pedro los que cobraban el impuesto para el templo" (17:24). Los cobradores de impuestos son gente problemática. Pero observe que estos cobradores no eran publicanos; eran otra clase de cobradores. Los publicanos eran los recaudadores del impuesto estipulado por el Imperio Romano. Los romanos invadieron Judea, la ocuparon y le impusieron un impuesto muy pesado. Pero en el capítulo diecisiete, los cobradores de impuestos que se mencionan no eran los que cobraban impuestos para el Imperio Romano ni para otro gobierno, sino para el mantenimiento de la casa de Dios, esto es, para el templo. Exodo 30:11-16 exhorta a todo varón de entre los hijos de Israel a pagar medio ciclo para mantener la casa de Dios. Dios envió a esos hombres a Pedro.

Dios envió a Moisés y a Elías para que aparecieran en aquella visión; pero más adelante, en la aplicación, Dios envió a otra clase de personas. Si usted se entrega al Señor después de haber recibido la visión, tenga cuidado y esté listo, pues Dios le mandará algún cobrador de impuestos. ¿Quién será su cobrador de impuestos? Primeramente, quizás sea su querida esposa. A menudo, después de recibir la visión, aparece nuestra querida esposa para cobrar algo. O tal vez usted exclame: "¡Gracias, Señor, porque no estoy casado! No tengo esposa, no tengo marido; por consiguiente, Dios no me puede mandar ningún cobrador de impuestos". Entonces, el cobrador que se le puede presentar quizás sea su compañero de cuarto o de clase. En el monte usted recibe la visión, pero cuando regresa a casa, aparecen los cobradores. Durante una conferencia o una reunión, usted recibe la visión y grita: "¡Aleluya!", pues se siente tan feliz con la visión. Pero cuando abre la puerta de su casa, le estarán esperando los cobradores. Dios es soberano y sabe cómo ponernos a prueba. En ocasiones, El usa como Sus cobradores a nuestros hijos, y otras veces, usa a la familia de nuestro cónyuge. El puede usar a cualquier persona para ponernos a prueba. No podemos evitarlo ni podemos huir: los cobradores nos encontrarán. Cada uno de nosotros tiene algún cobrador de impuestos.

Pedro es puesto en evidencia nuevamente

Los cobradores de impuestos vinieron a Pedro, y otra vez él tomó la iniciativa. Todos los demás discípulos se encontraban dentro de la casa con Jesús; sólo Pedro salió al encuentro de los cobradores y fue puesto en evidencia nuevamente. Todo el que toma la delantera siempre se pone en una posición muy comprometedora.

Los cobradores de impuestos dijeron a Pedro: "¿Vuestro Maestro no paga el impuesto para el templo?" Hermano Pedro, no debes olvidar lo que aprendiste en Mateo 16: Cristo y la iglesia. ¿Lo recuerdas? No te olvides de la revelación que recibiste. Además, no se te olvide la dura lección que aprendiste en la cima del monte: Cristo y Su Cuerpo. No obstante, Pedro lo olvidó todo cuando se enfrentó a la prueba. El se olvidó de la revelación, de la visión, de Cristo y de la iglesia, de la Cabeza y del Cuerpo. Se olvidó de todo; sólo se acordó de sí mismo. Los recaudadores le preguntaron: "¿Vuestro Maestro no paga el impuesto para el templo?" Y él contestó inmediatamente: "¡Sí!" Pedro, ¿cómo puedes olvidar tan fácilmente? No oíste la voz en el monte, la cual te exhortó a "oírle a El"? Debes ir a El y preguntarle. No debes contestar ni sí ni no: "¡a El oíd!" Si le habláramos a Pedro de esta manera, tal vez él argumentaría: "Hermano, usted no conoce la Biblia. Yo puedo enseñarle el capítulo y el versículo preciso donde muestra claramente que en el pueblo de Israel, todo varón debe pagar el impuesto, y Jesús es uno de esos varones. ¿Por qué no habría de pagarlo? Indudablemente tengo la razón en contestar que sí". Pedro se apegaba a las Escrituras y era muy fundamentalista; así que contestó conforme a las instrucciones que dio Moisés en Exodo 30. Pedro contestó a los cobradores según la ley, escuchando a Moisés, oyéndole a él. Pero su respuesta fue totalmente contraria a la revelación que había recibido, a la visión que había tenido, y a las palabras de la voz celestial que le habían dicho: "a El oíd". No hay más Moisés, ni la ley, ni Elías ni los profetas; sólo queda Jesús: a El oíd. ¿Por qué Pedro, después de haber recibido la visión, aún conservaba su antiguo conocimiento, su tradición y su religión? Este es un gran problema. Después de recibir la visión, todavía permanecen en nosotros las antiguas tradiciones, enseñanzas y la religión. "¿Vuestro Maestro no paga el impuesto?" "¡Sí!" Este "sí" proviene de nuestro conocimiento bíblico tradicional. Procede de las enseñanzas de la Biblia. Ciertamente es una respuesta correcta, bíblica y fundamentalista, pero es totalmente contraria a la visión y a Cristo mismo.

Después de esa contestación, Pedro entró en la casa. Yo pienso que volvió con la intención de contar al Señor Jesús lo que había hecho, y con el fin de recibir el dinero. Pero el Señor, anticipándose a lo que Pedro iba a decir, lo interrumpió y no permitió que hablara más. El Señor parecía decir: "No digas que esa contestación es bíblica ni fundamentalista; más bien, es una insensatez. La respuesta que diste concuerda con tu Biblia, pero no con el Cristo viviente y actual".

Jesús es el Moisés actual

El Señor Jesús es muy sabio, y aunque nuestras palabras son siempre insensatas, El habla en un tono muy sencillo y suave. El no reprendió a Pedro por haber contestado "sí" a los cobradores del impuesto. Nuestro Señor no era tan tosco, como lo somos nosotros. El se encontraba fuera de la tradición y de la religión, pero su actitud hacia ellos seguía siendo dulce. Jesús preguntó a Pedro: "¿Qué te parece, Simón? Los reyes de la tierra, ¿de quiénes cobran los tributos o los impuestos? ¿De sus hijos, o de los extraños?" (17:25). El se dirigió a Pedro con amabilidad. Entonces Pedro contestó: "De los extraños". El Señor Jesús respondió: "Luego los hijos están exentos". Lo que en realidad estaba diciendo era: "Ya escuchaste en la cima del monte que Yo soy el Hijo de Dios; por tanto, quedo libre de este tributo. Tal tributo se cobra para la casa de Mi Padre, y Yo Soy el Hijo del Padre; por tanto, estoy exento".

Pienso que Pedro debía haber contestado algo como esto: "Oh, lo siento, Señor; no debí haber dicho sí; más bien, debí haber dicho no. Pero ahora, ¿qué debo hacer?" Cuando Pedro dijo sí, el Señor encontró la manera de convencerlo de que la respuesta debía ser no. Pero después de convencerlo de que la respuesta correcta era no, Jesús le dijo: "Sin embargo..." (v. 27). Usted nunca podrá superar la manera de hablar del Señor. "Sin embargo, para no ofenderles ... tómalo, y dáselo por Mí y por ti". Cuando nosotros decimos sí, el Señor dice no; y luego, cuando quedamos convencidos de que la respuesta es no, El dice sí. El Señor es verdaderamente problemático. Finalmente, ¿qué es lo correcto y lo incorrecto? ¿Debe ser sí, o debe ser no? A fin de cuentas, no existe lo correcto ni lo incorrecto, tampoco el sí ni el no ... ¡sólo existe Jesús! Muy a menudo nos enfrentamos al mismo caso: cuando usted dice sí, El puede decir no, y cuando usted dice no, quizás El diga sí. Lo que El dice es lo correcto. "¡A El oíd!" "¡Sólo a Jesús!" El es el Moisés actual, el legislador de hoy, y El es la ley actual. No hay más Moisés; sólo existe Jesús. No escuche lo que dice el Antiguo Testamento; a El oíd. ¿Qué es lo que diría usted? En todo caso, lo que usted diga está equivocado. Aun cuando se base en la Biblia, sigue estando equivocado; incluso si usted es fundamentalista, todavía está equivocado. No es un asunto de ser bíblico ni fundamentalista, sino que se trata absolutamente de Cristo, del Jesús viviente, actual y presente. Todo depende de esta persona maravillosa. No queda ninguna ley, ninguna enseñanza, ni ningún reglamento; sólo queda Jesús. Y no un Jesús en doctrina sino un Jesús instantáneo, vivo y actual.

Algunos hermanos se preocupan mucho por su corte de pelo. ¿Desean saber cómo deben cortarse el cabello? ¿Qué estilo deben usar? Vayan a Jesús y pregúntenle. Escuchen lo que les diga su Jesús viviente. Si hacen esto, no permanecerán en la religión, en la cultura, ni en los reglamentos; sólo quedará Jesús.

En el verano del 1969 entraron muchos ex-*hippies* a la iglesia en Los Angeles. Llegaron con pelo largo, barbas, huaraches, y con su vestimenta característica. Unos hermanos vinieron a mí diciendo: "Hermano Lee, tenga cuidado, nos podríamos convertir en una iglesia *hippie*. Les contesté que no estaba a favor de ningún bando, ni por los *hippies* ni en contra de ellos. En la actualidad, no se trata de tener la razón o de estar equivocado, sino solamente del Jesús vivo y actual. Cuando El dice: "¡Pelo largo!", entonces usted debe dejarse el pelo largo. Cuando El dice: "¡Pelo corto!", entonces usted debe cortarse el pelo. Cuando vaya a la peluquería, diga: "Oh Señor Jesús, ¿cuánto debo cortármelo?" Entonces sabrá cuán corto debe ser. Pregúntele al Señor: "Oh Señor Jesús, ¿qué estilo debo llevar?" Entonces sabrá cuál estilo es el correcto.

Quiero decir algo acerca de las hermanas y de sus faldas. No sé cuán largas o cortas deben ser las faldas de ustedes. Mejor vayan a la presencia del Señor y pregúntele. El está dentro de ustedes; escuchen lo que El dice. Entonces lo sabrán con certeza, pues el Jesús vivo les responderá. Si consultan los sesenta y seis libros de la Biblia, no encontrarán ni un versículo que especifique cuán largas deben ser sus faldas. Deben ir al Jesús vivo. No argumenten ni razonen, sólo vayan a Jesús.

A muchos les gusta establecer leyes para sí mismos, y otros las establecen para los demás. Al hacerlo, cada uno de ellos se convierte en el Moisés actual. No formulen leyes, ni para ustedes ni para los demás. ¡A El oíd!

En la aplicación, Pedro no sólo se olvidó de Cristo, sino también de sus hermanos. Cuando llegaron los cobradores de impuestos, si yo hubiera sido Pedro y hubiera aprendido mi lección, habría llamado al Señor y a los otros hermanos, Jacobo y Juan, y les habría pedido que resolvieran este asunto con los cobradores de impuestos. Entonces hubiera recibido la ayuda necesaria. Como podrán ver, ésta es la vida del Cuerpo. Pedro recibió la visión, pero pronto se olvidó de ella. En este caso particular de Pedro, no vemos ni a Cristo ni a la iglesia, ni a la Cabeza ni al Cuerpo; sólo vemos a Pedro.

Este es también nuestro problema. Hoy, en todas nuestras situaciones, debemos tener presente tanto a la Cabeza como a los miembros del Cuerpo. No diga ni sí ni no, no diga nada, ni tome ninguna decisión hasta haber consultado a la Cabeza y también al Cuerpo. Nuestro problema es que estamos muy acostumbrados a ser individualistas.

Jesús da una lección a Pedro

Finalmente, después de que el Señor hubo instruido a Pedro, éste quedó convencido y no habló más. Yo creo que Pedro realmente aprendió que no debía ser tan precipitado para hablar y decir sí o no, sino que debía permitir que Jesús hablara. Esta lección no es tan fácil de aprender. Tenemos que pagar el precio para aprender tal lección.

Luego, el Señor pareció decir a Pedro: "¿Ya estás convencido de que no debes decir ni sí ni no? Entonces, ve a pescar. Ve al mar; no hay transporte, y no sé cuánto tengas que caminar. Pero ve a pescar y echa el anzuelo al agua. Finalmente, cuando atrapes un pez; abre su boca y encontrarás una moneda que será suficiente no sólo para Mí, sino también para ti; no solamente para la Cabeza, sino también para el Cuerpo". Si yo fuera Pedro, me habría angustiado mucho y hubiera dicho: "Señor, ¿quieres que vaya a pescar yo solo? ¿Por qué no mandas a Juan o a Jacobo conmigo?" Pero el Señor habría contestado: "No, no los mandaré contigo, porque no los necesitas. Y aun si los mandase, no los escucharías. Siempre tomas decisiones por ti mismo; por tanto, ve a pescar solo. Tienes que aprender esta lección: necesitas a tus hermanos. Así que ve al mar, echa el anzuelo al agua y espera que caiga el primer pez".

Entonces Pedro se dirigió al mar e hizo lo que el Señor le mandó. No creo que haya pescado inmediatamente. Más bien, pienso que el Señor le hizo esperar un buen rato antes de que el pez picara, dándole el tiempo suficiente para que recapacitara sobre todo lo que había sucedido. Puedo imaginar a Pedro esperando allí con su caña de pescar, esperando y esperando, pensando y considerando. Durante ese tiempo, esta lección se grabó en lo más profundo de su ser. Pedro tuvo que aprender esta dura lección.

Cristo es el Elías actual

Finalmente Pedro capturó el pez como el Señor había dicho. Ahora debemos ver que el Señor no es solamente el Moisés actual, sino también el Elías de hoy. El no es sólo Aquel que da las leyes, sino también quien profetiza, quien predice. Cuando El mandó a Pedro a pescar, diciéndole que el primer pez que atrapara traería una moneda en la boca, realmente le dio una profecía. El hecho era algo sencillo, pero implicaba algo muy profundo. Hoy en día Cristo es Moisés y también Elías: El da las leyes y El profetiza. Cuando el Señor predice algo, ciertamente se cumple. Ya no hay ni Moisés ni Elías, sólo Jesús; a El oíd. Al tener al Señor Jesús ya no necesitamos ni a Moisés ni a Elías, porque El es el Moisés actual y el Elías de hoy. Todo lo que El dice se convierte en ley, y todo lo que El predice llega a ser verdadera profecía.

Además, juntamente con el mandato, el Señor profetiza también la manera en la que podemos cumplir lo que El ha mandado. Esto es realmente maravilloso. Moisés sólo podía dar mandamientos, pero no podía proporcionarle al pueblo los medios para cumplir dichos mandamientos. Pero el Señor es Aquel que manda y también el que lo cumple. ¿Pueden ver esto? El Señor no sólo nos da los mandamientos, sino que también nos provee los medios para cumplirlos. Lo único que debemos hacer es estar de acuerdo con El. Cuando El dice no, debemos estar de acuerdo y simplemente decir no. Y cuando El dice sí, también debemos estar de acuerdo, y decir sí. Cuando El diga: "Ve a pescar", debemos ir a pescar; y cuando diga: "Echa el anzuelo al agua", simplemente debemos echarlo. Si El nos dice: "Espera a que pique el pez", entonces debemos esperar que esto suceda. Cuando El diga: "Abre la boca del pez", seamos sencillos y simplemente abramos la boca del pez. Cuando El nos mande que tomemos la moneda de la boca del pez, debemos hacerlo. Siempre debemos seguir Su palabra, no meramente la palabra de la Biblia, sino la palabra del Jesús vivo.

La presencia viviente del Cristo vivo

Hemos visto que Dios habló desde los cielos y quitó de en medio a Moisés y a Elías cuando éstos aparecieron junto al

Señor en el monte de la transfiguración. Dios hizo desaparecer a Moisés y a Elías. En cierto sentido, cuando aparece el Señor Jesús, Dios quita el Antiguo Testamento. Cuando nuestros seres queridos están lejos de casa, nos envían saludos y fotografías. Eso es lo que el Señor hizo al enviar a Moisés y a Elías. Pero ahora que nuestro amado Señor está con nosotros, ¿aún necesitamos Sus fotos y cartas? Si decimos que sí, esto significa que nos interesan más estas cosas que el Señor mismo. Esto sería una ofensa para Jesús. En la actualidad muchos cristianos fundamentalistas se preocupan más por la Biblia que por la presencia de Cristo. Se interesan por las cartas, pero no por el Cristo vivo. Hemos visto que Cristo es contrario a la religión. Pero ahora, tengo el atrevimiento de decir que en cierto sentido, Cristo se opone también a las Escrituras. Lo que quiero decir es lo siguiente: Cristo se opone a las Escrituras cuando éstas son simples letras muertas.

Hermanos y hermanas, sólo deben ver a Jesús; deben oírlo únicamente a El, y no a la ley ni a los profetas, ni a Moisés ni a Elías. Jesús es el Moisés actual y el Elías de hoy. El es el dador de la ley, y el que predice. ¡Deben estar de acuerdo con todo lo que El profetice y tendrán la capacidad de cumplir todo lo que El les mande! El recobro actual es el recobro de la presencia viva del Cristo vivo, y no de las enseñanzas bíblicas. Todo lo que El dice está correcto. Todo lo que El predice se cumple. ¡Aleluya!

En la práctica debemos aplicar a Cristo y la iglesia

Me gusta mucho la manera en que el Señor obra. El Señor Jesús pidió a Pedro que fuera a pescar y obtuviera una moneda que sirviera "para Mí y para ti". El Señor no sólo se preocupó por la Cabeza, sino también por el Cuerpo. No se preocupó únicamente por Sí mismo, sino también por Sus miembros. Alabado sea el Señor, la Cabeza y el Cuerpo siempre van juntos.

Hoy en día necesitamos la revelación, la visión, y aun más, la aplicación práctica de todo lo que hemos visto de Cristo y de la iglesia, de la Cabeza y del Cuerpo. No debemos preocuparnos solamente por la Cabeza sino también por el Cuerpo.

La moneda sirvió tanto para la Cabeza como para el Cuerpo. Que el Señor nos revele esto cada vez más claramente, y nos introduzca no sólo en la revelación y la visión, sino también en la aplicación práctica de estas verdades. Cuando los cobradores de impuestos vengan a nosotros, debemos saber cómo aplicar a Cristo y a la iglesia en nuestras circunstancias particulares, no sólo en la manera de la doctrina o la enseñanza, sino en una manera práctica. Que el Señor nos conceda Su misericordia y Su gracia en este asunto.

CAPITULO CINCO

¿QUE PENSAIS ACERCA DEL CRISTO?

Lectura bíblica: Mt. 21:23-27, 37-39, 42-46; 22:1-4, 15-40, 41-46

EL CORDERO PASCUAL ES EXAMINADO

En los capítulos veintiuno y veintidós de Mateo vemos el cumplimiento de un hecho tipológico poco conocido del Antiguo Testamento. Según el mandamiento de Dios, el pueblo de Israel debía preparar un cordero por lo menos cuatro días antes de la Pascua (Ex. 12:3, 6). Durante ese período de preparación, ellos debían examinar el cordero detalladamente para ver si le encontraban alguna mancha o defecto. Dicho cordero debía cumplir todos los requisitos para ser sacrificado en la Pascua. Todos sabemos que el cordero pascual representa al Señor Jesucristo; El es el verdadero Cordero. Antes de ir a la cruz para cumplir lo que la Pascua tipificaba, El estuvo aproximadamente seis días en Jerusalén, y lo que le sucedió allí fue el cumplimiento de la examinación tipificada por el cordero pascual. Durante ese período, la gente puso a prueba a Jesús. Mateo 21 y 22 describen el examen a que El fue sometido. Jesús fue examinado por los líderes y representantes de los distintos partidos —sociales, políticos y religiosos— de aquel tiempo. Veamos quienes eran estos partidos.

En primer lugar lo examinaron los principales sacerdotes y los ancianos del pueblo (21:23). Los principales sacerdotes eran aquellos que tenían autoridad en la religión y que servían a Dios en el templo. Los ancianos eran los que tenían autoridad en el pueblo, esto es, en la comunidad. Por consiguiente, los primeros que examinaron a Jesús eran aquellos que tenían autoridad en la religión y en la comunidad, es decir, los principales sacerdotes y los ancianos. Ellos le preguntaron: "¿Con qué autoridad haces estas cosas? ¿y quién te dio esta autoridad?" (21:23). El segundo examen fue efectuado por los fariseos, el partido religioso más fuerte, y por los herodianos, un partido político. Para examinar a Jesús por segunda vez, la religión se unió con la política, ¡qué extraños compañeros! El tercer examen lo llevaron a cabo los saduceos, los modernistas de aquellos días. En el cristianismo actual muchos no creen que Jesús sea el Hijo de Dios, quien murió en la cruz y derramó Su sangre por nuestra redención, y quien resucitó física y literalmente de entre los muertos. Los modernistas son los saduceos de hoy, y los saduceos eran los modernistas de antaño. Ellos no creían ni en la palabra de Dios ni en Su poder, ni en la resurrección ni en los ángeles, ni tampoco en el espíritu (Hch. 23:8). Finalmente, en el cuarto examen, uno de los fariseos más destacados, un doctor de la ley, puso a Jesús a prueba.

¿Pueden ver el cuadro? No sólo los principales sacerdotes y los ancianos del pueblo, sino también los discípulos de los fariseos, los herodianos, los saduceos, y finalmente un doctor de la ley, un experto entre los fariseos, todos ellos rodearon al pequeño Jesús. Todas estas personas cultas, con grandes logros, conocimiento, posición, nombres destacados y poder, se unieron para examinar al Cristo y encontrar alguna falta en El. Jesús jamás recibió diploma alguno. El venía de una ciudad, un pueblo y una región menospreciadas, y ahora El se encontraba allí, en medio de estos líderes. Pero alabado sea el Señor que, aunque era pequeño exteriormente, no lo era así interiormente. Exteriormente El no tenía ninguna apariencia ostentosa ni pretensión alguna; no obstante, interiormente poseía un extraordinario poder. Tal vez exteriormente no tenía ningún conocimiento intelectual, pero interiormente poseía una sabiduría infinita. Así que, El contestó todas las preguntas y pasó todas las pruebas. Fue puesto a prueba y examinado por todos esos líderes, y salió triunfante.

Finalmente, fue El quien los puso a prueba a ellos, y de un solo tiro mató a todos los pájaros. Con una sola pregunta cerró todas las bocas. Ellos pusieron a prueba a Jesús cuatro veces, y el Señor los puso a prueba una sola vez. Al evaluar las preguntas provenientes de cuatro partidos, mas la pregunta que El formuló, podemos darnos cuenta hasta qué punto Cristo contrastaba con la religión.

LA PRIMERA PREGUNTA

El sumo sacerdote, quien era la máxima autoridad en la religión, y los ancianos, quienes tenían la autoridad en la comunidad, se unieron para formular la primera pregunta, una pregunta acerca de la fuente de la autoridad de Jesús. Ellos le dijeron: "¿Con qué autoridad haces estas cosas? ¿y quién te dio esta autoridad?" (21:23). En otras palabras, le preguntaron: "¿Cuál es Tu fuente? ¿Es auténtica Tu autoridad?" No debemos tomar estas preguntas a la ligera. En el cristianismo actual siempre se plantean este tipo de preguntas: "¿Cuál es su fuente? ¿Es fundamentalista? ¿Está correcto?" En realidad lo que quieren decir, y a veces lo dicen literalmente, es: "¿De qué seminario se graduó usted? ¿Dónde fue ordenado como ministro, y por quién?"

Sin embargo, el Señor Jesús era muy sabio. El dijo: "Yo también os haré una pregunta, y si me la contestáis, también Yo os diré con qué autoridad hago estas cosas. El bautismo de Juan, ¿de dónde era? ¿Del cielo, o de los hombres?" (21:24-25). El los puso en evidencia. Entonces estos hombres cultos y prominentes, discutían entre sí, diciendo: "Si decimos, del cielo, nos dirá: ¿Por qué, pues, no le creísteis?" (21:25). Ellos temían responder, pues si respaldaban a Juan, tendrían que recibir también a Jesús, porque Juan testificó de El y era Su precursor. Así que, si aceptaban a Juan, también tenían que aceptar a Jesús; por tanto, razonaron de la siguiente manera: "No podemos contestar eso, pues si lo hacemos, caeremos en una trampa". Ellos cavilaban: "Y si decimos, de los hombres, tememos a la multitud; porque todos tienen a Juan por profeta" (21:26). Finalmente decidieron que la mejor solución era decir una mentira. Así que, se volvieron a Jesús y le dijeron: "No sabemos". Pero el Señor Jesús sabía que ellos sí sabían. De modo que les respondió descubriendo la realidad: "Ustedes sí saben, pero no quieren decirlo. Dicen que no saben, pero eso es una mentira. La verdad es que no lo quieren decir. Puesto que ustedes no quieren decirlo, Yo tampoco les diré.

Ustedes mienten, pero Yo no mentiré". Jesús es verdaderamente el Señor. El es realmente digno de nuestra adoración. Aparte de Jesús, ¿quién podría contestar de esta manera?

Después de dar esta respuesta a los principales sacerdotes y ancianos del pueblo, el Señor prosiguió y les habló en parábolas. Voy a referirme brevemente a las dos últimas parábolas. En la segunda de ellas el Señor declaró que El estaba allí para construir el edificio de Dios (21:33-46). Ellos le habían hablado de una manera insensata y pecaminosa, pero a pesar de eso, el Señor Jesús prosiguió y les mostró algo de la revelación de Dios, del propósito eterno de Dios. En esta parábola les declaró primeramente que El era el Hijo de Dios, a quien Dios había enviado, y como tal, era el Heredero, quien recibiría toda la herencia de Dios. Les indicó que en realidad ellos estaban rechazando a este Heredero celestial y divino, al propio Hijo de Dios. Luego, les dijo que al rechazarle a El estaban rechazando la piedra angular del edificio de Dios. En otras palabras, El parecía decirles: "Ustedes no saben de lo que están hablando ni lo que están haciendo. No saben a quién están rechazando. Yo soy el Hijo de Dios, a quien ustedes han rechazado, pero a fin de cuentas lo que ustedes rechazan se convertirá en la piedra del ángulo". ¿Con qué propósito había El venido? ¡Para construir el edificio de Dios! Incluso en la respuesta que le dio a estos insensatos, el Señor indicaba que El estaba allí para construir el edificio de Dios.

Luego, El les habló la parábola de la fiesta de bodas (22:1-14). El Hijo de Dios es la piedra del ángulo y también el Novio. Por lo tanto, el Señor les reveló estos dos asuntos maravillosos: el edificio y la fiesta de bodas. El edificio requiere de la fiesta, y la fiesta se efectúa para el edificio. Cuanto más festejamos con Jesús, más somos establecidos en Su edificio. En tales parábolas la palabra del Señor está llena de significado. En 1 Corintios 3 y en 1 Pedro 2, vemos que la fiesta sirve para el crecimiento, y que el crecimiento tiene como fin la edificación. Por consiguiente, todos debemos festejar en la fiesta de bodas de Jesús a fin de crecer, y mientras crecemos, llegamos a ser el material apropiado para Su edificio. El es la piedra angular del edificio, y nosotros somos las muchas piedras. Nos convertimos en piedras al festejar con

El. La intención de Dios en cuanto al Señor Jesús consiste en obtener el edificio y la fiesta, el disfrute y la edificación.

LA SEGUNDA PREGUNTA

Entonces los fariseos se dieron cuenta que no era tan sencillo vencer al pequeño Jesús; por tanto, pidieron a los herodianos que se unieran a ellos. Los fariseos no eran solamente un partido religioso, sino también un partido patriótico, fiel a la nación judía. Eran patriotas y también religiosos; amaban a su país y anhelaban protegerlo. En aquel tiempo, su nación se encontraba bajo el dominio del Imperio Romano; los fariseos detestaban tal situación. Por otra parte, los herodianos eran los representantes de este dominio imperialista. ¿Cómo podían trabajar juntos estos dos partidos: los fariseos y los herodianos? Podían hacerlo porque tenían un enemigo común. Ellos se unieron con la intención de tender una trampa a Jesús, atraparlo en Sus propias palabras y ponerlo en evidencia. Así que, le preguntaron: "Dinos, pues, qué te parece: ¿Es lícito pagar tributo a César, o no?" (22:17). Este tributo era distinto al que se menciona en Mateo 17, pues se pagaba al gobierno romano. En ese tiempo todos los judíos fieles y patrióticos se oponían a dicho impuesto; ellos nunca darían ni un centavo si pudiesen evitarlo. Por lo tanto, pensaron que podían atrapar a Jesús al ponerlo en este dilema. La pregunta que ellos le hicieron fue muy sutil. Si Jesús hubiera contestado que no era lícito pagar tributo a Cesar, los herodianos se habrían echado inmediatamente sobre El, acusándole de oponerse al Imperio Romano. Por otro lado, si hubiera dicho que sí era lícito pagar el tributo romano, el partido patriótico de los judíos habría reaccionado diciendo: "Este hombre está traicionando a nuestro país". La sutileza de ellos era muy grande.

¿Cree usted que el Señor Jesús no tenía manera de escaparse de esta intriga? ¿Piensa que alguien podía hacerle caer en una trampa? No, aun cuando se juntaran diez partidos contra El, no tendrían éxito. El siempre tiene una salida. ¡Aleluya, El es Jesús! Observe lo que hizo. Lo más sabio fue esto: El no sacó de su bolsillo el dinero del tributo, sino que les dijo: "Mostradme la moneda del tributo". Y ellos le presentaron un denario (22:19). Ellos traían consigo el dinero del tributo; esto significa que ya habían perdido el caso. Ellos fueron a Jesús para preguntarle si debían pagar tributo a Cesar, pero ellos tenían monedas romanas, y Jesús no las tenía. Así que, perdieron el caso. Ellos tenían las monedas romanas, lo cual quiere decir que las utilizaban; por consiguiente, fueron ellos quienes quedaron en evidencia. ¡Jesús es el Señor! No intenten atraparlo, si tratan, El los atrapará a ustedes.

Entonces El les preguntó: "¿De quién es esta imagen, y la inscripción?" Le dijeron: "De César". Entonces el Señor Jesús les dijo: "Devolved, pues, a César lo que es de César". Pero no paró allí. Jesús no dejó ningún terreno para el enemigo. Así que, añadió: "Y a Dios lo que es de Dios" (22:20-21). Al escuchar esto, se maravillaron de Su respuesta, y sus bocas fueron cerradas.

LA TERCERA PREGUNTA

Después de esto, les tocó el turno a los saduceos, que eran los antiguos modernistas. Ellos se creían más listos y pensaban que les sería fácil hacer caer a Jesús en su trampa. Así que, le hablaron de esta manera: "Maestro, algunos creen en la resurrección, pero nosotros tenemos un problema acerca de ello. Moisés dijo que si alguno muere sin tener hijos, su hermano debía casarse con su mujer para levantar descendencia a su hermano. Hubo, pues, entre nosotros siete hermanos; el primero se casó, y murió; y no teniendo descendencia, dejó su mujer a su hermano. De la misma manera también el segundo, y el tercero, hasta el séptimo. Y después de todos, murió también la mujer. En la resurrección, pues, ¿de cuál de los siete será ella mujer, ya que todos la tuvieron?" Ellos realmente pensaban que eran muy astutos. Pero el Señor Jesús les respondió: "Erráis, por no conocer las Escrituras ni el poder de Dios" (22:29). Jesús los reprendió con Su respuesta. En realidad parecía decirles: "Ustedes no conocen la Biblia. Creen conocerla pero en realidad no la conocen. No conocen ni la Biblia ni el poder de Dios". El continuó diciendo: "Porque en la resurrección ni se casarán ni se darán en casamiento ... Pero respecto a la resurrección de los muertos,

¿no habéis leído lo que os fue dicho por Dios, cuando dijo: Yo soy el Dios de Abraham, el Dios de Isaac y el Dios de Jacob? Dios no es Dios de muertos, sino de vivos" (22:30-32). Jesús les dio a entender: "Todos estos hombres —Abraham, Isaac y Jacob— ya fallecieron, si no resucitaran, entonces Dios sería un Dios de muertos. Pero El no puede ser un Dios de muertos; más bien, es un Dios de vivos. Esto demuestra que todos ellos vivirán, que resucitarán. Ustedes, saduceos, sólo conocen este título en letras: el Dios de Abraham, el Dios de Isaac, y el Dios de Jacob, pero no conocen la realidad de ello. La letra de la Palabra solamente les informa que Dios es el Dios de estas tres personas. Pero la realidad de este título demuestra que habrá resurrección. Dicho título denota que Dios resucitará a estas tres personas; de otro modo, El sería el Dios de los muertos y no de los vivos".

Estos judíos, modernistas de antaño, intentaron poner a Jesús en un callejón sin salida. Pero El aprovechó esta oportunidad para mostrarles cuánto necesitaban conocer las Escrituras de una manera viviente, cuánto necesitaban conocer el poder de Dios, y cuánto necesitaban saber que Dios es el Dios vivo. Ya que Dios es viviente, Su pueblo también debe serlo. Nosotros también debemos conocer las Escrituras de una manera viva, debemos conocer el poder de Dios, y además, debemos ser el pueblo viviente que conozca a su Dios vivo. Los saduceos se quedaron sorprendidos, y perdieron el caso.

LA CUARTA PREGUNTA

Entonces los fariseos, cuando oyeron que Jesús había hecho callar a los saduceos, se juntaron para examinarlo. Uno de ellos, un doctor de la ley, le hizo la siguiente pregunta con la intención de ponerlo a prueba: "Maestro, ¿cuál es el gran mandamiento en la ley?" (22:36). En otras palabras, le preguntó: "¿Cómo interpretas los libros de Moisés?" Esta pregunta se relacionaba con la exposición e interpretación de la Biblia. Por supuesto, al Señor Jesús le resultó muy fácil solucionar esto y contestó: "Amarás al Señor tu Dios con todo tu corazón, y con toda tu alma, y con toda tu mente. Este es el grande y primer mandamiento. Y el segundo es semejante: Amarás a tu prójimo como a ti mismo" (22:37-39). Es muy sencillo. La ley y los profetas dependen de estos dos mandamientos. El Señor les dio la respuesta apropiada. De modo que, ellos no pudieron contestar nada. Finalmente sus bocas quedaron cerradas. Pero no estaban dispuestos a irse; así que, permanecieron allí para seguir perdiendo el caso.

Consideremos lo siguiente: aparte de esos cuatro asuntos, ¿qué otra pregunta podría surgir? La primera se relacionaba con la religión, la segunda con la política, la tercera con la fe y la cuarta se relacionaba con la interpretación bíblica. En el cristianismo actual aún existen estos problemas, y la gente les presta toda su atención.

LA PREGUNTA DEL SEÑOR

Indudablemente el Señor Jesús tenía la respuesta para todas aquellas preguntas. Pero ahora, El mismo formuló una pregunta. Yo la llamaría la pregunta de las preguntas. "Y estando juntos los fariseos, Jesús les preguntó, diciendo: ¿Qué pensáis acerca del Cristo? ¿De quién es hijo?" (22:41-42). Actualmente, la pregunta principal en todo el universo no se trata de la religión, la política, la fe, ni de la interpretación de las Escrituras, sino de Cristo. ¿Qué piensa usted acerca de Cristo? ¿Quién es El? En la actualidad el cristianismo incluye todos estos asuntos: la religión, la política, la fe y la interpretación bíblica, pero raramente incluye algo del Cristo vivo. Ellos hablan de cualquier cosa, menos del Cristo vivo. Hoy en día nos encontramos en la misma situación que en aquel tiempo.

Los fariseos le contestaron correctamente. Ellos dijeron que Cristo era el Hijo de David. A lo que Jesús, en efecto, respondió: "Pues, ¿cómo David, [siendo el abuelo] le llama [a su nieto] Señor?" Esto les cerró la boca. Ellos podían contestar según el conocimiento, pero no eran capaces de discernir la realidad en el Espíritu. Habían aprendido que Cristo era el Hijo de David pero no habían recibido en el espíritu la revelación de que, por una parte, Cristo es el Hijo de David, pero por otra, es también el Señor de todos. Ellos estaban por completo en su mente, no en su espíritu. Tenían la Biblia, pero aun así erraron al blanco en cuanto a Cristo. ¡Cuántos santos queridos han sido distraídos, confundidos y apartados de Cristo por el conocimiento bíblico! Esto no quiere decir que no necesitemos la Biblia. Ciertamente la necesitamos, pero de una manera espiritual y viviente. Debemos tener cuidado y no permitir que el conocimiento bíblico nos impida ver al Cristo vivo. Este no es un asunto de conocimiento ni de enseñanzas, sino un asunto absolutamente del Cristo vivo, de Su presencia y Espíritu vivientes. La letra y el conocimiento matan, y la interpretación bíblica confunde, frustra y distrae. Necesitamos la Biblia viviente, la Palabra y enseñanza vivientes. En este respecto, debemos volvernos de la mente al espíritu y aprender a estar en el espíritu, como lo hizo David, para poder llamarlo Señor. "¡Oh, Señor! ¡Oh Señor! ¡Oh Señor! No me preocupo por el conocimiento ni por ninguna enseñanza; únicamente me interesa mi Señor viviente, quien mora en mi espíritu. Sólo tengo que volverme a mi espíritu para llamarlo, Señor". Con nuestra mentalidad natural nunca podremos entender la Biblia. Si usted quiere ver algo en la Palabra, virtualmente debería cortarse la cabeza, volverse completamente a su espíritu, e invocar: ¡Oh Señor!

No debemos preocuparnos por la religión, la política, la fe, ni por la interpretación bíblica. Cristo tiene la respuesta para cada uno de estos asuntos, pero El no se preocupa por ellos. Tampoco debemos distraernos en nada que no sea el Señor viviente, el Cristo vivo. Mientras tengamos Su presencia, con eso será suficiente. Unicamente debemos aprender a volvernos a nuestro espíritu y decir: ¡Oh Señor! Esta es la manera de experimentarlo a El.

Debemos captar la maravillosa sabiduría del Señor mostrada en la pregunta a los fariseos. En Su pregunta, El se refirió a Su Persona. Esto es algo crucial. Si queremos conocer al Señor, debemos conocer Su Persona. Por una parte, El es el Hijo del Hombre, pero por otra, El es también el Hijo de Dios. Como Hijo del Hombre, El es un descendiente de David, pero como Hijo de Dios, es el Señor. Como Hijo del Hombre El es un hombre genuino, pero como Hijo de Dios, es el propio Dios. Debemos ver las dos naturalezas de la Persona del Señor. El es divino y a la vez humano; El es un ser humano, pero también una persona divina. La pregunta que Jesús dirigió a los fariseos se relaciona con El.

EL CRISTO ASCENDIDO

Sin embargo, el Señor Jesús no sólo formuló la pregunta, sino que prosiguió citando el versículo 1 del Salmo 110, que narra lo que Dios le dice a Cristo: "Siéntate a Mi diestra, hasta que ponga a Tus enemigos por estrado de Tus pies". Este versículo claramente se refiere a la ascensión de Cristo. No se preocupe por la religión, ni preste tanto interés a la política; no labore tanto con la llamada fe cristiana, ni ponga tanta atención a la interpretación bíblica. Más bien, debe centrarse en el Cristo exaltado y ascendido. La ascensión del Señor Jesús es la cumbre de todo lo que El es, de todo lo que El ha hecho y de todo lo que El hará. Observe el diagrama que se presenta en la página siguiente. En el principio Cristo era el Verbo, y el Verbo era Dios. Luego, El se encarnó, llevó una vida humana en esta tierra, pasó por la muerte, fue sepultado y resucitó. El pasó todo este proceso y finalmente ascendió hasta la cima del universo. Posteriormente, descendió siendo de otra forma. No descendió únicamente como el Espíritu de vida, sino también como el Espíritu de poder; como tal Espíritu El edifica la iglesia y la prepara como Su Novia con miras a Su segunda venida, la cual dará inicio al milenio e introducirá el reino. Un día, El, con todo lo que ha realizado y obtenido, se manifestará como Dios y el Cordero en la Nueva Jerusalén por la eternidad. En Mateo 22:41-45 el Señor no sólo se refiere a Sí mismo en calidad de persona, sino en calidad de una persona en ascensión. El es el Ascendido. En este pasaje El se encuentra en la culminación, en la cumbre. Como el Ascendido, El lo incluye todo, desde la eternidad pasada hasta Su ascensión, y desde Su ascensión hasta la eternidad futura. ¡Aleluya por tal Cristo ascendido!

En la actualidad los cristianos hablan mucho acerca de la salvación, pero siempre se están quejando de la condición débil y carente en la que se encuentran. Por otra parte, algunos aseguran que por la misericordia de Dios no son tan débiles, sino muy espirituales. Sin embargo, tengo la carga de que seamos rescatados de todas estas cosas. Olvídense de todos los problemas relacionados con la religión, la política, la llamada fe cristiana, e incluso la interpretación bíblica.

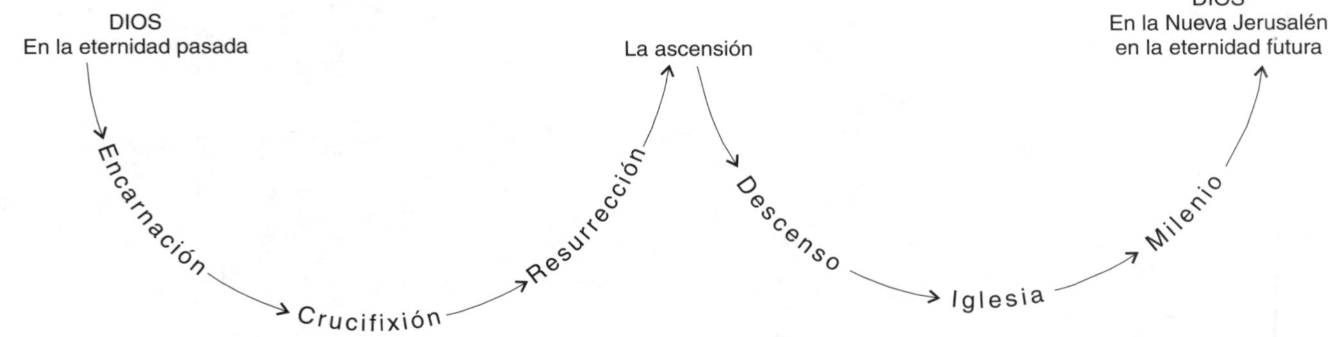

LA CUMBRE DE LA ASCENSION DE CRISTO

Ustedes se preocupan demasiado por la manera de interpretar y entender la Biblia, pero Jesús les diría: "¿Qué pensáis acerca del Cristo?" Ciertamente existe una respuesta adecuada para cada uno de los asuntos mencionados, pero el principal de ellos es éste: ¿Qué piensa usted acerca del Cristo? ¿Ha vuelto su atención alguna vez de la Biblia al Cristo viviente y ascendido? Los cristianos de hoy prestan atención a tantas otras cosas, que casi se olvidan de mantener una relación viviente y continua con la persona viva de Cristo. Por ejemplo, el asunto principal no consiste en que una hermana lleve falda larga o corta; lo vital es qué piensa acerca de Cristo. La vida cristiana se relaciona por completo con Cristo. No mida la falda con su cinta de medir, sino con la persona de Cristo. La falda debe ser conforme a la persona de Cristo. Cada vez que se hable de la vestimenta, no debe juzgarla por su medida, color y estilo, sino por medio de Cristo.

La mejor forma de interpretar la Biblia es por medio de Cristo. La mejor manera de cuidar de la fe es por medio de El. Si usted tiene a Cristo, ciertamente tendrá la fe apropiada. Pero si carece del Cristo viviente, cualquiera que sea el credo que usted profese, eso no es la fe sino una tragedia. Unicamente debe interesarnos Cristo. Incluso debemos olvidarnos de nuestra Biblia, si sólo la tomamos como una Biblia sin Cristo. También deberíamos olvidarnos de nuestra clase de fe, aunque sea fundamentalista y bíblica, si esta fe no es viviente ni posee la esencia divina del Cristo vivo. El Señor desea que únicamente nos preocupemos por Cristo y la iglesia. El Señor Jesús no se olvidó de la iglesia al contestar todas estas preguntas insensatas y ridículas. Ya hemos visto cómo El hizo referencia al edificio de Dios, es decir, a la iglesia. Al contestar todas estas preguntas, El condujo a los que le hacían las preguntas de regreso a Sí mismo y a Su iglesia.

Damos gracias al Señor por la cantidad de personas que durante los años recientes han sido rescatadas y liberadas gradualmente de la religión. No obstante, aún llevamos cierta cantidad de religión dentro de nosotros. En todos estos versículos vemos que en la mente y el corazón del Señor Jesús no había más que Su Persona y Su iglesia. Nuestra atención ha sido distraída de Cristo y de la iglesia por muchos asuntos religiosos y políticos, por asuntos relacionados con la fe verdadera y por la manera de interpretar la Biblia; todo ello nos ha alejado de Cristo. Hace años, la interpretación de la Biblia era mi entretenimiento favorito y representaba una verdadera tentación para mí. Cuando alguien venía a consultarme acerca de un versículo, le interpretaba cincuenta versículos. Pero ahora, si usted me presenta un versículo, reduciré su versículo al Cristo viviente. Olvídese de la interpretación bíblica.

A veces los queridos santos preguntan cuándo regresará el Señor Jesús. Todo lo que puedo contestar es que El regresará. Otras veces preguntan cuáles son las señales de Su venida. Todo lo que puedo decir es que las señales son simplemente las señales. ¿Pueden ustedes olvidarse de todo eso y preocuparse solamente por el Cristo vivo? Poco importa si viene hoy o mañana, con esta o con aquella señal. Preocúpese únicamente por Cristo; entonces estarán listos para Su venida. Cada vez que una persona pregunta acerca de algún asunto doctrinal, contesto finalmente: "¿Qué piensa usted acerca de Cristo?"

¡Cristo hoy es el exaltado! ¡Aleluya! Al principio El era Dios, que se encarnó y llevó un vivir humano en esta tierra. El además experimentó la crucifixión y la resurrección, y se elevó en ascensión hasta la cima del universo. Ahora, después de Su ascensión, El vino como el Espíritu de vida y poder, moviéndose en esta tierra para establecer Sus iglesias. El es el Hijo del Hombre, quien camina en medio de los candeleros locales. El está aquí, entre nosotros. Este es el asunto que debe preocuparnos. El se preocupa por el incremento en las iglesias locales, y se preocupa aún más por el crecimiento en vida. Seguramente El nos diría: "No sean insensatos como los principales sacerdotes, los ancianos, los fariseos, los herodianos y los saduceos. Olvídense de todas las cosas por las que ellos se preocupaban y céntrense solamente en Cristo y la iglesia". Si no entendemos algún pasaje de la Biblia, sencillamente debemos reconocer que no lo entendemos. No nos interesa el simple entendimiento de las Escrituras. Y si no sabemos cuál es el capítulo más extenso o el más importante de la Biblia, simplemente no lo sabemos. No nos interesa conocer eso. Pero sí sabemos que Cristo está en la Palabra, y que Cristo está en nosotros y entre nosotros. ¡Oh, cuánto nos interesa el Cristo ascendido! El no es solamente el Hijo del Hombre, sino también el Hijo de Dios. El no es solamente la simiente de David, sino también la raíz de David. Entonces ¿por qué en las iglesias locales estudiamos la Biblia y la oramos-leemos continuamente? No lo hacemos únicamente para aprender o entender algo, sino con el fin de comer a Cristo y alimentarnos de El.

Sin embargo, en nuestras reuniones todavía existe cierto elemento de religión. ¿Por qué procuramos mantener cierta clase de orden? Porque todavía somos religiosos. Pueden argumentar que el apóstol Pablo nos exhorta a hacer todo decentemente y con orden. El simple hecho de mencionar eso pone de manifiesto la religión que hay en nosotros. Debemos darnos cuenta de esto. Me gustaría oírlos y verlos en las reuniones hablando libremente acerca de Cristo y de la iglesia, y de nada más. Simplemente asistan a la reunión en el espíritu y siéntanse libres de decir algo acerca de Cristo. Siéntanse libres de presentar y ministrar a Cristo. Siéntanse libres, y no sean tan cuidadosos. Algunos de ustedes han sido sumamente cuidadosos durante años. Creo que incluso les han salido algunas canas debido a su gran preocupación de que las reuniones se efectúen correctamente. ¿Estarían dispuestos a dejar de ser tan cuidadosos y a actuar con más libertad en cuanto a Cristo? Asistan a las reuniones libremente en Cristo, no de manera suelta sino vivientes en el espíritu.

Si leen todo el Evangelio de Mateo, descubrirán que cuando el Señor Jesús estuvo en la tierra, nunca se preocupó por la religión judía. Desde que vino a ser bautizado por Juan el Bautista, El no se preocupó en absoluto por la religión ni por la sensibilidad de los religiosos. Por el contrario, desde el punto de vista humano, El siempre actuó de una manera drástica y arbitraria; El actuó de esta manera a propósito, para impresionar a Sus discípulos de que nunca se preocuparan por lo religioso, sino por Cristo y Su iglesia. Les aconsejo que lean y oren-lean los capítulos veintiuno y veintidós de Mateo cinco veces. Si lo hacen, se darán cuenta que el Señor Jesús estaba totalmente fuera de la religión. A El sólo le preocupaba Su Persona y Su edificación, esto es, la iglesia.

Capitulo seis

LA PRESENCIA DEL CRISTO RESUCITADO

Lectura bíblica: Mateo 28

Hemos visto que el Evangelio de Mateo gira en torno a Cristo, quien es incompatible con la religión. Ahora llegamos al último capítulo de este libro. Este no es un capítulo largo; más bien, es bastante corto, pero todo lo que en él se relata está lleno de contrastes entre Cristo y la religión. Desde el principio hasta el final podemos ver la gran diferencia que existe entre Cristo y la religión.

En el versículo uno, leemos: "Pasado el sábado...". Sabemos que el sábado era representativo de la antigua religión judía. Por consiguiente, cuando leemos: "pasado el sábado", se refiere al final de la antigua religión. ¡Aleluya! La resurrección de Cristo es el fin de la antigua religión. Ha amanecido una nueva era, la era del Cristo resucitado, y no la era de la antigua religión. Además, leemos: "al amanecer del primer día de la semana..." Una nueva era amanecía; esto se refiere a la resurrección de Cristo. Algo terminó y algo nuevo empezó.

LA ERA DE LAS MUJERES

Observe ahora que fueron María Magdalena y la otra María las que vinieron a ver el sepulcro. Sabemos que todo el contenido de la Biblia tiene un gran significado. Debemos entender que, en el Antiguo Testamento, todo acontecimiento importante era siempre revelado a los hombres y no a las mujeres. Resulta bastante difícil encontrar en el Antiguo Testamento un solo caso en el que Dios haya revelado algo primero a una mujer. En el Antiguo Testamento las mujeres no eran tomadas en cuenta. Sin embargo, aquí leemos que el inicio de la nueva era fue descubierto por unas mujeres, y no por los hombres. Estas mujeres llevaban el mismo nombre: las dos se llamaban María. Allí no había hombres. Esto iba en contra de la vieja manera, en contra de los reglamentos religiosos. En la manera antigua eran siempre los hombres los personajes importantes, pero la nueva manera involucra siempre a las mujeres. Espero que los hermanos digan: ¡Aleluya!

Quiero averiguar algo con todos ustedes, especialmente con los hermanos. ¿Es usted hombre o mujer? En la nueva era todos debemos contestar que, hablando espiritualmente, somos mujeres, todos somos Marías. Esta debe ser nuestra visión en este nuevo comienzo. Ser el descubridor de la resurrección de Cristo es algo muy significativo. Debemos entender claramente que la resurrección ya había acontecido, pero nadie la había descubierto antes que las mujeres. Al final del capítulo veintisiete leemos que los principales sacerdotes y fariseos sellaron la tumba con una piedra, y colocaron una guardia. Pero no fueron estos guardias los que presenciaron la resurrección. La piedra seguía allí, pero Jesús ya se había ido. Aparentemente no sucedió nada. Nadie sabía que Jesús ya había resucitado, pero tal acontecimiento fue descubierto por la llegada de estas Marías. Leemos que hubo un gran terremoto y que un ángel del Señor descendió del cielo y removió la piedra (v. 2). ¿Por qué removió la piedra? ¿Para que Jesús saliera? ¡No! Mas bien, para mostrar a las hermanas que la tumba estaba vacía.

Podemos ver que la manera en que el Señor actúa no se conforma a la manera antigua. La era ya cambió. Su resurrección no fue descubierta por hombres, sino por mujeres. Espiritualmente hablando, esta no es la era de los hombres, sino de las mujeres. La religión afirma que toda revelación debe ser dada a los hombres, pero aquí vemos un evento crucial descubierto por las mujeres. Esto va completamente en contra de la religión.

EN EL MONTE DE GALILEA

Entonces los ángeles dijeron a las mujeres: "E id pronto y decid a Sus discípulos que ha resucitado de los muertos, y he aquí va delante de vosotros a Galilea; allí le veréis" (28:7). En aquel tiempo todos los discípulos estaban en Jerusalén. Aparentemente les sería más conveniente encontrarse con el Señor allí mismo. ¿Por qué el Señor quería ir delante de Sus discípulos a Galilea? Geográfica y lógicamente no encontramos ninguna explicación. Pienso que el Señor Jesús hizo esto a propósito, para que Sus discípulos reconocieran el hecho de que éste era verdaderamente un nuevo comienzo, y que la nueva era no tiene nada que ver con la antigua religión. De hecho, lo que el Señor Jesús quería decir a Sus discípulos, era: "Deben salir por completo de esta esfera religiosa". Más adelante veremos cómo los necios discípulos volvieron de nuevo a la religión, a Jerusalén y al templo (Hch. 21:20-26). Indudablemente el Señor buscaba causar una impresión en Sus discípulos de que todo lo que se relaciona con El es ajeno a la antigua religión. El Cristo resucitado no tenía nada que ver con la religión, y Sus discípulos debían tomar la misma postura.

Debemos recordar que el Nuevo Testamento empezó en Galilea. Jesús fue concebido por Su madre María, no en Jerusalén sino en Galilea (Lc. 1:26-38). Todo empezó en Galilea y debía continuar allí. Los ángeles dijeron a las mujeres: "El va delante de vosotros a Galilea". Entonces, mientras ellas salían a toda prisa de la tumba con temor y gran gozo, Jesús mismo les salió al encuentro, y les dijo: "...Id, dad las nuevas a Mis hermanos, para que vayan a Galilea, y allí me verán" (v. 10).

Mas adelante, en este mismo capítulo (v. 16), podemos ver que a ellos no se les dijo que fueran a una sinagoga, sino a un monte, al aire libre. Esto iba absolutamente en contra del concepto religioso. En aquel tiempo todos los religiosos se congregaban en el templo de Jerusalén o en las sinagogas de las demás ciudades. Pero ahora, Jesús pedía a Sus discípulos que se alejaran de Jerusalén, y por ende, del templo. Entonces, cuando fueron a Galilea, El no les indicó que fueran a una sinagoga, ni siquiera a una casa, sino a un monte. No piensen que El hizo esto sin ningún propósito. Debemos ver que esto tiene un significado profundo. El lo hizo para causar una impresión en Sus discípulos que de allí en adelante, en la nueva era del Cristo resucitado y de Su Cuerpo, que es la iglesia, todo debía ser diferente de la manera religiosa. Si la religión va hacia el norte, entonces la iglesia debe ir hacia el sur. Si la religión se reúne durante el día, la iglesia debería reunirse de noche. Cristo y la iglesia siempre van en contra de la religión. Actualmente nos reunimos los domingos simplemente porque la gente no trabaja en ese día. Si estuvieran desocupados otro día de la semana, pienso que sería mejor reunirnos en ese tiempo, ya sea viernes o cualquier otro día, y olvidarnos de la reunión del domingo. Este asunto de la adoración dominical pertenece a la religión. Cuando los religiosos se reúnen los domingos, sería mejor irnos a trabajar. Cuando los demás trabajan, deberíamos cesar de trabajar y reunirnos. Ciertamente éste fue el principio que el Señor Jesús adoptó. De hecho, El parecía decir: "Ustedes, sacerdotes religiosos, suben todos a Jerusalén para reunirse allí, pero Yo he pedido a Mis discípulos que vayan a Galilea. Ustedes se reúnen en la sinagoga, pero Yo he indicado a Mis discípulos que se reúnan en la cima de un monte. ¡Cuán opuestos son Cristo y la religión!

LOS HERMANOS DEL SEÑOR

Jesús dijo a las mujeres: "Id, dad las nuevas a Mis hermanos" (v. 10). Aquí vemos un nuevo calificativo: "Mis hermanos". Los religiosos siempre consideran que lo máximo es ser siervos del Señor, o para usar un término más íntimo, "los hijos del Señor". Pero el Señor mismo se refirió a nosotros llamándonos Sus "hermanos". Este es un rasgo de la nueva era. Jesús es nuestro Hermano y nosotros somos Sus hermanos. Aquel día los discípulos iban al encuentro de Su Hermano. En cierto sentido, no iban al encuentro de Su Señor o de su Amo, sino de su propio Hermano. ¿Alguna vez han alabado al Señor de esta manera? ¿Han dicho alguna vez: "Señor, cuánto te alabamos por ser nuestro Hermano"? Temo que si alabaran al Señor de esta manera en cualquier servicio cristiano hoy en día, los religiosos rápidamente los callarían y los calificarían de irreverentes. ¡Aleluya, Jesús nos llamó Sus hermanos! El tiene la vida del Padre y nosotros también. Ya no somos solamente Sus discípulos y sus siervos, sino Sus propios hermanos. Lo que El es, nosotros somos, y lo que nosotros somos, El es. El es el Hijo de Dios, y nosotros también somos los hijos de Dios. El es nuestro Hermano, y nosotros también somos Sus hermanos. Asistimos a la reunión de los hermanos. ¡Qué maravilloso!

CRISTO SE OPONE AL DINERO

Inmediatamente después de haber descubierto que Cristo había resucitado, los religiosos ejercieron su poder: "...He aquí unos de la guardia entraron en la ciudad, y dieron aviso a los principales sacerdotes de todas las cosas que habían acontecido. Y reunidos los principales sacerdotes con los ancianos, y habiendo tenido consejo, dieron mucho dinero a los soldados, diciendo: Decid vosotros: Sus discípulos vinieron de noche, y lo hurtaron estando nosotros dormidos. Y si esto lo oye el gobernador, nosotros le persuadiremos, y os pondremos a salvo de preocupaciones. Y ellos, tomando el dinero, hicieron como se les había instruido..." (vs. 11-15). Con dinero y por dinero se puede hacer todo. Los religiosos ejercieron su poder para sobornar al pueblo. El poder de la religión actual radica en el dinero. Sin embargo, observe lo que el Señor Jesús dijo a Sus discípulos. El no dijo: "Todo el oro y la plata me ha sido dada. ¡Por tanto, id!" El no dijo eso; tampoco dijo: "Estos religiosos tienen mucho dinero, pero yo tengo más". ¡No! Antes bien, dijo: "Toda potestad me ha sido dada en el cielo y en la tierra. Por tanto, id..." (vs. 18-19). En realidad, lo que El estaba diciendo, era: "Vayan con esto. No vayan con dinero, sino con Mi autoridad". Actualmente en el cristianismo se habla constantemente de dinero. ¡Eso es una vergüenza! Día tras día en la radio, al final de cada programa religioso, se pide dinero. Cristo es incompatible con la religión, y también se opone al dinero. A Cristo no le interesa el dinero, y a la iglesia tampoco debería interesarle.

UNA CONFERENCIA DE TRES VERSICULOS

Nuestra naturaleza y perspectiva religiosa nos hacen pensar que la reunión que efectuó el Señor Jesús con Sus discípulos en el monte de Galilea después de Su resurrección, debía ser muy larga e incluir un mensaje que abarcara varios capítulos de la Biblia. Todos sabemos que después de Su resurrección, el Señor ascendió a los cielos, y podríamos pensar que El tenía que dar muchas instrucciones y reglamentos a Sus discípulos a fin de que ellos las observaran en Su ausencia. Quizás pensemos que El debía dictar los estatutos, credos, doctrinas y requisitos para nombrar ancianos, elegir diáconos, establecer iglesias locales, etc. Yo pensaría que el Señor Jesús debía programar tres semanas de conferencia con Sus discípulos. Pero para nuestro asombro, en lugar de una conferencia de tres semanas, sólo hubo una conferencia de tres versículos, la cual se halla relatada en Mateo 28:18-20: "Y Jesús se acercó y les habló diciendo: Toda potestad me ha sido dada en el cielo y en la tierra. Por tanto, id y haced discípulos a todas las naciones, bautizándolos en el nombre del Padre, y del Hijo, y del Espíritu Santo; enseñándoles que guarden todo cuanto os he mandado; y he aquí, Yo estoy con vosotros todos los días, hasta la consumación del siglo". Esta fue la primera conferencia después de la resurrección de Cristo, la primera conferencia de la iglesia.

INTRODUCIR A LAS PERSONAS EN DIOS

El Señor Jesús era muy sencillo. En cuanto a Su obra, El simplemente dijo: "Por tanto, id, y haced discípulos a todas las naciones, bautizándolos en el nombre del Padre, y del Hijo, y del Espíritu Santo". Eso es todo. Esta debe ser toda nuestra labor. Debemos simplificar nuestra obra a lo máximo. En nuestra obra debemos poner todo el enfoque en una sola cosa: introducir a las personas en el Dios Triuno. Este es el significado de la palabra "bautizar". Bautizar significa introducir a las personas en algo. Bautizarlos en agua significa introducirlos en el agua. Del mismo modo, hoy en día lo que debemos hacer es introducir a las personas en el Dios Triuno. Nuestra obra hoy debe ser así de sencilla. No es tan importante la enseñanza ni el mensaje que usemos, siempre y cuando la gente sea introducida en el Dios Triuno, con eso es suficiente. El cristianismo lleva a cabo una gran cantidad de actividades, pero mantiene a la gente fuera de Dios. Hablan del Dios Triuno, pero el resultado final es que las personas nunca entran en El. Nuestra labor consiste en introducir a las personas dentro de Dios.

LA AUTORIDAD Y PRESENCIA DEL SEÑOR

¿Por qué fue tan breve la conferencia del Señor con Sus discípulos? ¡Porque con la presencia del Señor basta! El les dijo: "Yo estoy con vosotros todos los días". El no necesitaba decirles tantas cosas, pues todo lo que ellos necesitaran al día siguiente, El se los diría. Y todo lo que ellos necesitaran dos días después, El también estaría con ellos para dirigirlos. Además, cualquier cosa que en el futuro ellos necesitaran, El estaría allí con ellos para suministrarlos. Así que, no necesitaba darles tantos detalles, pues Su presencia lo es todo. En realidad, El les daba a entender: "Mi autoridad es mejor que el dinero, y Mi presencia es mejor que todos los credos y reglamentos".

En el pasado muchas personas nos han preguntado acerca de dos asuntos. El primer asunto es el dinero. Ellos nos han dicho: "¿De qué manera recaudan fondos? Dígannos el secreto por favor. ¿Tienen a alguien que los respalda económicamente en su obra? ¿Los apoyan algunos millonarios?" Yo les he contestado: "Son muchos los que nos respaldan, en realidad, la mayoría son pobres. Muy pocos de ellos son ricos". Cuando insisten en saber de dónde proviene el dinero, sólo puedo contestarles: " Ustedes no saben cómo recaudar fondos, ni yo tampoco lo sé. Nunca he aprendido a recaudar fondos; ni siquiera hablamos de ese tema". Además, muchas personas nos han preguntado acerca de un segundo asunto y nos han dicho: "Sabemos que ustedes no tienen ninguna organización, pero seguramente sí tienen alguna clase de reglamentos y normas. ¿Cuáles son?" La verdad es que no tenemos ni normas ni reglamentos. Estos dos asuntos forman parte de la mente religiosa: ¿cómo reunir fondos y cómo formular un credo escrito? Pero en este pasaje el Señor Jesús también menciona dos cosas: que toda potestad le ha sido dada, por lo cual debemos ir con Su autoridad; y que El está con nosotros todos los días hasta la consumación del siglo. Con eso es más que suficiente. Ahora tenemos la autoridad de Jesús y Su presencia. ¡Aleluya! No tenemos recursos financieros ni credos, pero tenemos algo mucho mejor: tenemos la autoridad del Señor y Su misma presencia.

Quisiera declarar que ahora aprecio mucho más la presencia del Señor Jesús que la Biblia misma. No pueden imaginar cuánto amaba mi Biblia en los años posteriores a mi salvación. La amaba mucho, pero debo confesarles que en aquel tiempo tenía poco aprecio por la presencia del Señor. Apreciaba mucho Su Palabra, pero no apreciaba tanto Su presencia. Debo aclarar que sigo apreciando mucho la Biblia. De hecho, puedo afirmar que la valoro aun más hoy que en los primeros siete años de mi vida cristiana. No obstante, hoy aprecio mucho más la presencia viva del Señor viviente. El dijo: "Y he aquí, Yo estoy con vosotros todos los días". Eso me es suficiente. Eso es absoluta y maravillosamente suficiente. ¿Qué más podríamos desear? ¿Qué más necesitamos, sino la autoridad del Señor y la presencia del Cristo vivo?

En el mover presente del Señor en esta nueva era, no existe ningún reglamento, organización ni credo. ¡Olvídense de eso! El Señor nunca dijo que debíamos guardar los mandamientos del Antiguo Testamento. Lo único que El dijo es que debemos enseñar a las personas, de una manera viviente, lo que El nos ha mandado. Debemos decirles que en esta nueva era y en este presente mover del Señor, no se necesita ninguna clase de organización, sistema, ni reglamentos. Todo lo que necesitamos es suplido absolutamente por la presencia del Señor. El dice: "He aquí, Yo estoy con vosotros todos los días".

APLICAR LA PRESENCIA DEL SEÑOR

Debemos aplicar esta verdad a nuestra situación actual. Cuando los jóvenes realizan sus reuniones especiales, les gusta planear la manera y el orden de dichas reuniones. A menudo van a consultar a los hermanos que llevan la delantera para pedirles consejos y comunión en cuanto a la manera en que deben reunirse. En cierto sentido eso es bueno, pero en otro, no lo es. Deben entender que el Señor Jesús está con ellos. Sólo necesitan reunirse con el Cristo presente, quien es el Señor viviente. El les mostrará cómo reunirse. Cuando experimenten Su presencia, El los conducirá, y momento a momento les revelará cómo seguir adelante. A muchos les resulta difícil creer que algún grupo de creyentes se haya reunido bajo tal práctica. En esto podemos ver cuán religiosos seguimos siendo incluso en nuestras reuniones. Tenemos muy arraigado el concepto de que debemos planear de antemano cómo hemos de reunirnos; de modo que cuando iniciamos la reunión, no estamos muy abiertos al Jesús viviente, al Cristo presente. Aún tenemos ciertos conceptos religiosos en cuanto a la manera en que debemos reunirnos.

Al leer en este capítulo el relato de lo que el Señor dijo e hizo, no podemos encontrar ni una pizca de religión. Si comparamos el relato de este capítulo con los del Antiguo Testamento, descubriremos que son muy diferentes entre sí. Existe un gran contraste, porque lo que el Señor dijo e hizo aquí, no se parece en nada a lo que se practicaba en el Antiguo Testamento. Todo es diferente; todo es nuevo. Debemos darnos cuenta de que en nuestros conceptos todavía nos aferramos a muchos principios religiosos. Si nosotros hubiéramos estado allí, le habríamos dicho al Señor Jesús: "Quédate con nosotros cuatro semanas más, por favor. Tenemos muchas preguntas y muchos asuntos que requieren solución. No sabemos cómo seguir adelante. Nos has pedido que vayamos y hagamos discípulos a las naciones, pero no nos dijiste: ¿Dónde? ¿Cuándo? ¿Quién? ¿Cómo? ni ¿Qué?; Oh, Señor Jesús, ¡quédate con nosotros, por favor! Acláranos todas las cosas". Seamos honestos: ¿no es verdad que nosotros habríamos dicho todo esto?

En estos últimos ocho años muchos me han preguntado: ¿Qué? ¿Dónde? ¿Cuándo? ¿Quién? ¿Cómo? Pero yo siempre les he contestado: "No sé. Consulten al Señor. El lo sabe". ¿No nos dijo el Señor que El estaría con nosotros todos los días? ¿Qué más queremos? No hay razón para que alguien dijera: "¡No te vayas, Señor!", pues El nunca se fue y nunca se irá: El está con nosotros todos los días.

Hoy los cristianos piensan que Jesús resucitó, ascendió a los cielos y se quedó allá. Incluso algunos parecen decirle: "Señor, quédate allí en el tercer cielo. No bajes a interferir en nuestras vidas. Permanece allí como el Señor exaltado, y déjanos laborar eficazmente por Ti aquí en la tierra". Muchos actúan así y dejan al Señor en el cielo. Y cuando se enfrentan a algún problema, entonces ayunan y oran pidiendo al Señor que haga algo por ellos. Pero ésta no es la manera correcta de proceder. Más bien, debemos disfrutar continuamente de la presencia del Señor. Cada vez que nos enfrentemos a una dificultad, lo único que debemos hacer es volvernos a El y decirle: "Oh Señor Jesús, esto no es nuestro problema, sino el Tuyo. Tú estás aquí. Si Tú puedes ir a dormir tranquilamente, entonces nosotros también podemos".

En el Evangelio de Mateo, el cual muestra lo incompatible que es Cristo con la religión, es sorprendente el hecho de que no se menciona la ascensión de Jesús; esto es muy significativo. Este evangelio no incluye ni un solo versículo que nos muestre que El ascendió a los cielos. Este es un libro que habla de Emanuel, Dios con nosotros (Mt. 1:23). ¿Cómo podría El abandonarnos y ascender a los cielos? ¡El está con nosotros! En este evangelio podemos leer también: "Porque donde están dos o tres congregados en Mi nombre, allí estoy Yo en medio de ellos" (Mt 18:20). Además: "...Y he aquí, Yo estoy con vosotros todos los días, hasta la consumación del siglo". La iglesia necesita un Cristo presente. Creemos que el Señor ciertamente está en los cielos, pero ¡aleluya!, El también está continuamente con nosotros, con Su iglesia, pues ahora El es el Cristo resucitado y viviente. Su presencia es muy real y maravillosa. Siempre que nos reunimos, efectivamente sentimos que El está presente. Debemos estar conscientes de ello en todas nuestras reuniones. No debemos verlo solamente como el que ascendió, sino como aquel que está siempre presente. ¡Aleluya! ¡El Señor Jesús está aquí!

Cuando escucho hablar de la llamada "Semana Santa" y de que habrá un "servicio de resurrección", siempre declaro que para mí, cada día es un día de resurrección y cada reunión es una reunión de resurrección. En cada reunión celebramos al Cristo resucitado. ¿Qué día es hoy? Si hoy es martes, entonces debe ser un martes de resurrección. Para nosotros cada día debe ser un día de resurrección. Cada reunión, por la mañana o por la noche, debe ser una reunión de resurrección, de amanecer, nunca de atardecer, ¡pues tenemos la presencia del Cristo resucitado!

Los cristianos, especialmente en este país, siempre preguntan dónde se encuentra nuestra sede. Quiero decirles que si tenemos alguna sede, ésta se encuentra en la cima del monte de Galilea. Nuestra sede se halla con el Cristo resucitado, en la cima del monte. No tenemos nada religioso. Lo único que tenemos es al Cristo resucitado. ¡Cuánto necesitamos ser librados de los conceptos religiosos! ¡Cuánto nos han envenenado estos conceptos, y todavía muchos de ellos permanecen en nuestra sangre! Si oramos-leemos todos estos versículos y presentamos todos estos asuntos al Señor, aplicándolos a nuestra vida de manera práctica, nos daremos cuenta de cuánto necesitamos todavía ser liberados por el Señor.

En conclusión, lo que tenemos ahora no es otra cosa que el Cristo resucitado. Su autoridad es nuestro poder y Su presencia es nuestro todo. Su presencia es nuestra norma, nuestro credo, nuestra enseñanza y nuestra predicación. En tanto tengamos Su presencia, no necesitamos nada más ni queremos nada más. ¡Gloria al Señor por Su presencia! ¡Aleluya!

Capitulo Siete

CRISTO IMPARTE VIDA

Lectura bíblica: Juan 5:1-18, 21, 24-26, 39-40, 46-47; 6:63

Hasta aquí hemos permanecido en Mateo, el primero de los cuatro evangelios; pero ahora llegamos al último, al Evangelio de Juan. En el relato de los cuatro evangelios vemos cuán incompatibles son Cristo y la religión, y cuánto ésta se opone a Cristo. El diccionario indica que la palabra religión no tiene una connotación negativa; en cierto sentido es buena. Ser religioso es mucho mejor que ser pecaminoso, carnal o mundano. Pero al leer el pasaje de Juan 5:1-18, descubrimos cuán terrible es en verdad la religión. En este pasaje vemos a un grupo de religiosos que ponen toda su atención a su sábado y a su Dios. Pero aquí también se describe cómo se oponen violentamente a Jesús. Ellos se quejaban principalmente de dos cosas: de que El quebrantara el sábado, y de que dijera ser igual a Dios, al Dios de ellos. No sólo se opusieron a El, sino que incluso intentaron matarlo. ¿Se da usted cuenta de que ésta es la actitud de la religión hacia Jesús? Tal vez ellos no eran tan pecaminosos ni mundanos; más bien, eran muy religiosos, y se ocupaban en las cosas de Dios. No obstante, hicieron todo lo posible por aniquilar a Jesús. El Señor Jesús es el blanco de todos los ataques de la religión. Debemos darnos cuenta de esto.

Hoy en día la situación es exactamente igual. Cuanto más vivimos por el Señor y más ministramos a Cristo a las personas, más nos aborrecen los religiosos. Quiero aclarar que aunque nos oponemos a ellos, no los aborrecemos. Aquellos religiosos odiaban a Jesús, pero El nunca correspondió con odio. Ciertamente El se oponía totalmente a la religión; no obstante, amaba a esos religiosos.

En el Evangelio de Mateo vemos tres asuntos principales: primero, que Jesús es nuestro Novio, a quien podemos disfrutar hoy; segundo, que sólo en El podemos obtener descanso; y tercero, que El es nuestro Legislador y nuestro Profeta, el Moisés actual y el Elías de hoy. Quiero subrayar que me gusta mucho el Evangelio de Mateo. En el primer capítulo Mateo nos dice que Jesús es Emanuel, Dios con nosotros. Y después de presentar a Jesús de una manera maravillosa —como nuestro Novio, nuestro descanso y nuestro Legislador y Profeta— en el último capítulo Mateo afirma que este Jesús está con nosotros "todos los días, hasta la consumación del siglo" (v. 20). ¡Aleluya, tenemos a Jesús! ¡Tenemos a Emanuel! Y al disfrutar los muchos aspectos de Su persona, nos exultamos por causa de El. Pero no tenemos únicamente el Evangelio de Mateo, sino también el de Juan.

EL TERCER SABADO

En el Evangelio de Juan, la situación entre Cristo y la religión es casi la misma que en Mateo. Saltemos los primeros cuatro capítulos de Juan y lleguemos al capítulo cinco. Como podrán ver, en él se menciona otro sábado (v. 9), al cual llamaré el tercer sábado. En el primer sábado, Cristo se ocupó de Sí mismo como Cabeza; en el segundo, El se ocupó de los miembros enfermos de Su Cuerpo. Pero ahora llegamos al tercer sábado, y posteriormente veremos un sábado más. Podemos ver que los sábados se repiten. Indudablemente el Señor Jesús hizo algo a propósito para quebrantar el día sábado, el día de reposo. El presente caso relata que el Señor llegó a cierto estanque en Jerusalén, precisamente en este tercer sábado. Una semana consta de siete días; entonces, ¿por qué Jesús fue al estanque el sábado y no en cualquier otro día? El hizo esto a propósito; lo hizo para quebrantar los reglamentos religiosos. La observancia del sábado era la primera regla y la más importante en la religión judía. Para los judíos, aparte de Dios no hay nada más importante que la observancia del sábado. El Señor Jesús parecía decirles: "Ustedes, judíos, le prestan demasiada atención al día sábado, pero Yo, Jesús, estoy haciendo algo a propósito para quebrantarlo". El Señor Jesús era un verdadero "agitador".

En ocasiones usted puede tener algo en lo cual quisiera que Jesús no interviniera, pero El lo molesta a usted hoy, mañana y también el día siguiente; El viene una y otra vez a interferir. Usted ya conoce la historia. El Señor Jesús sabe muy bien cómo causarnos "problemas". Más nos valdría aprender a nunca decirle que no, pues si le decimos que no, seguramente El vendrá hoy y el día siguiente, y volverá el tercero y cuarto día. El vendrá continuamente hasta ganar el caso. Así lo hacía con los judíos, pues iba a ellos una y otra vez en el día sábado.

Si usted fuera judío ciertamente se molestaría. Seguramente ya habría dicho: "¿No le hemos dicho que es ilícito sanar en el día sábado? ¿Por qué insiste en venir precisamente en ese día? ¿Qué le pasa?" Jesús buscaba causarle problemas a la religión. El parecía decir: "Ustedes guardan la religión, pero Yo la quebranto".

Según se relata en Juan capítulo cinco, aquel sábado en particular no era un sábado común y corriente. Tal vez ese día los judíos estaban celebrando alguna de sus fiestas religiosas. En este pasaje, además de la fiesta se mencionan las mejores cosas de la religión judía, que son: la ciudad santa, Jerusalén; luego, un estanque con cinco pórticos; después, el agua que un ángel del cielo movía ocasionalmente; y finalmente, el sábado. La fiesta alegraba a los judíos y el sábado les proporcionaba descanso. No obstante, ¿cree usted que los incapacitados que se encontraban junto al estanque estaban felices y tenían descanso? Aquí se presenta la mejor religión con sus mejores cosas. Sin embargo, si alguien quería participar de lo bueno de esta religión, debía ser tan fuerte como para ser el primero. Sólo aquel que lograba llegar primero al estanque, podía obtener el beneficio de esa religión.

Entre toda aquella gente imposibilitada, había uno que llevaba treinta y ocho años de estar allí postrado, el mismo tiempo que el pueblo de Israel vagó por el desierto. Dicha religión era buena, la ciudad santa era maravillosa, el estanque era extraordinario y el agua era atrayente, puesto que los ángeles del cielo la agitaban. Pero, ¿de qué le sirve todo eso a alguien que no tiene ninguna fuerza? El enfermo se quejaba, diciendo: "...no tengo quien me meta en el estanque cuando se agita el agua...” (v. 7). La religión no puede ayudarnos. ¿Por qué? Porque cada persona recibe escasamente para satisfacer sus propias necesidades, y no queda nada para dar a los demás. La religión era buena, pero no para la persona imposibilitada. La religión era buena, pero él no podía participar de ella, pues estaba lisiado, sin fuerza alguna, extremadamente débil. Esa era su condición.

“LEVANTATE, TOMA TU LECHO, Y ANDA”

Sin embargo, inesperadamente se presentó un hombre; no era un hombre sobresaliente, sino el pequeño y menospreciado Jesús. Nadie le prestaba atención. No había parecer en El, ni hermosura; provenía de Galilea, del pequeño pueblo de Nazaret. Este Jesús se acercó y vio al hombre imposibilitado que estaba postrado allí. ¡Esto es maravilloso! Nosotros no fuimos a Jesús, sino que El vino a nosotros. Y cuando vino a nosotros, no le prestamos atención; sin embargo, El nos vio y tuvo compasión de nosotros. “Cuando Jesús vio a aquel hombre allí postrado, y supo que llevaba ya mucho tiempo así, le dijo: ¿Quieres ser sano?” (v. 6). Ahora, escuchen la respuesta insensata de la religión: “No tengo quien me meta en el estanque cuando se agita el agua; y mientras yo voy, otro desciende antes que yo”. Mientras el hombre hablaba insensateces, el Señor Jesús le mandó: “Levántate, toma tu lecho, y anda”. ¿Qué significa esto? Simplemente quiere decir: “Olvida esta insensatez religiosa; Yo no tengo ningún interés por ella”. Así era Jesús. El no sólo le pidió que se levantara, sino además, que tomara su lecho. Aquel lecho había cargado al hombre durante treinta y ocho años; pero ahora Jesús le estaba pidiendo que él lo cargara. ¿Qué haría usted? ¿Seguiría diciendo: “Oh Señor, sigo siendo un incapacitado, y cuando se agita el agua nadie viene a ayudarme?” A menudo nos gusta decir insensateces religiosas. ¿Estaría usted dispuesto a olvidarse de todo ello? El Señor Jesús le dijo: ”Deja de hablar, levántate, toma tu lecho y anda". Si dejamos nuestra religión y tomamos la palabra viviente de Jesús, seremos sanados y recibiremos vida. Aquel día, el hombre enfermo fue sanado; y ese día era sábado.

LOS RELIGIOSOS SE ENFURECIERON

Entonces los judíos vieron lo que le sucedió al hombre lisiado y vinieron a él, diciendo: "¡Qué pasa contigo! ¿Estás cargando tu lecho y caminando en día sábado? ¿Acaso no sabes que eso no es lícito? Es lícito estar allí postrado debido a la enfermedad, pero no es lícito levantarse y andar. Es lícito que usted esté moribundo, pero no es lícito que sea reavivado". Ciertamente así es el cristianismo de hoy.

Hoy en día muchos nos critican por gritar y alabar al Señor de manera ruidosa. ¿Pero, qué acerca de tantos moribundos que hay en las denominaciones? ¿Por qué no se preocupan por ellos? ¿Por qué no hacen algo para aliviar esa mortandad? Se parecen a los judíos. Prefieren mantener sus reglamentos religiosos que luchar por que una persona sea vivificada.

El hombre que fue sanado les respondió: "El que me sanó, El mismo me dijo: Toma tu lecho y anda" (v. 11). En otras palabras, les dio a entender: "Si hay algo equivocado, no es un error mío, sino Suyo. Aquel que me sanó me mandó levantarme, tomar mi lecho y andar". Entonces ellos dijeron: "De acuerdo, tú no eres culpable. ¿Pero quién es ese hombre que te dijo eso?" El contestó: "No sé". Luego Jesús encontró al hombre, y éste dijo a los judíos que El había sido quien lo sanó. ¡Oh! los judíos estaban tan furiosos que decidieron matar a Jesús.

Entonces Jesús dijo a los judíos: "Mi Padre hasta ahora trabaja, y Yo también trabajo" (v. 17). En otras palabras, El parecía decirles: "Ustedes guardan el sábado, pero Mi Padre trabaja todo el tiempo, y Yo también trabajo juntamente con El. Yo trabajo porque la obra de Mi Padre aún no ha sido concluida". Esto los enfureció aún más. En esa ocasión el pequeño Jesús no sólo quebrantó el sábado, sino que se hacía igual a Dios. Por esta razón ellos habían resuelto matarlo.

NO RELIGION, SINO VIDA

Así que, Jesús siguió diciendo: "Porque como el Padre levanta a los muertos, y les da vida, así también el Hijo da la vida a los que quiere" (v. 21). ¿Qué significa esto? Que Cristo es contrario a la religión. Hoy en día debemos entender que lo importante no es la religión, sino Cristo mismo como el Dios que nos imparte vida. Eso es todo lo que necesitamos. Necesitamos a un Cristo que sea igual a Dios y que incluso sea Dios mismo impartiéndonos vida. El nos imparte vida no por medio de ninguna religión, forma, doctrina, enseñanza ni regulación, sino mediante Su palabra viva. "De cierto, de cierto os digo: El que oye Mi palabra, y cree al que me envió, tiene vida eterna; y no está sujeto a juicio, mas ha pasado de muerte a vida" (v. 24). El que oye Su Palabra viviente y la recibe tiene vida eterna. Eso es todo; es muy sencillo.

NO LAS ESCRITURAS, SINO CRISTO

Además, el Señor Jesús se volvió a los judíos y dijo: "Escudriñáis las Escrituras..."(v. 39). Lo que el Señor daba a entender, era: "Escudriñáis e investigáis las Escrituras, sólo porque a vosotros os parece que en ellas tenéis la vida eterna". Ese era el concepto de los religiosos, quienes pensaban que podían encontrar vida en las Escrituras. Pero el Señor Jesús les dijo: "Aparte de Mí, sin Mí, por mucho que lean las Escrituras, no obtendrán vida". En cierto sentido, pensar que hay vida en la Biblia es algo de nuestra imaginación; estrictamente hablando, la vida no se halla en las Escrituras sino en Cristo mismo. Si usted toma a Cristo juntamente con las Escrituras, entonces ciertamente obtendrá vida. Sin embargo, si toma solamente las Escrituras sin el Cristo vivo, quien es el Espíritu vivificante, no recibirá vida en absoluto; Si usted pretende lo contrario, será sólo un juego producto de su propia imaginación. Jesús parecía decirles: "Escudriñáis las Escrituras porque a vosotros os parece que en ellas tenéis vida, pero en realidad no la tenéis. Lo que tenéis es sólo muerte. Cuanto más escudriñáis, más muertos estáis. La letra sólo los mata. Escudriñáis las Escrituras, pero no queréis venir a Mí para tener vida".

Hermanos y hermanas, no olviden nunca los versículos 39 y 40 del capítulo cinco de Juan. En toda la Biblia estos son los dos versículos claves que muestran que, una cosa es escudriñar las Escrituras, y otra es venir al Señor para obtener vida.

Podemos escudriñar e incluso analizar las Escrituras, sin venir jamás al Cristo viviente como Espíritu vivificante.

Cuando era joven escudriñé e investigué mucho la Biblia. Pero, ¡aleluya! hoy he abandonado ese concepto. Simplemente acudo al Cristo vivo por medio de la palabra viva de la Biblia. Cada vez que voy a las Escrituras, primero toco al Señor, abro mi boca y digo: "Oh Señor Jesús, vengo a Ti". Hermanos, nunca entren en este libro viviente sin tocar primero a la persona viva del Señor Jesús. Si insisten en hacerlo sin tocar primero al Señor, serán simplemente unos religiosos.

¿Por qué leemos las Escrituras? ¿Simplemente porque en ellas hay vida? Ciertamente la Biblia es un libro maravilloso, pero observen a los que pasan mucho tiempo estudiando la Biblia. No interpreten mal mis palabras. Yo respeto grandemente la Biblia, y he invertido mucho tiempo leyéndola. Pero he descubierto algo: que nunca deberíamos leerla sin tocar al Cristo vivo. Si ustedes separan a Cristo y la Biblia, entonces El se opondrá a la Biblia que ustedes tienen. En la actualidad, el cristianismo toma las Escrituras como un libro de letras muertas. Por consiguiente, en este sentido, Cristo se opone a las Escrituras. La gente toma la Palabra sólo para adquirir conocimiento, o incluso para obtener diplomas de estudio bíblico, pero yerran por completo al blanco, que es Cristo. El dijo: "Escudriñáis las Escrituras … Pero no queréis venir a Mí para que tengáis vida".

Tal vez argumenten que la Biblia testifica de Cristo. No cabe duda de ello. Incluso Moisés habla de Cristo en todos sus escritos. Pero no debemos separar al Cristo vivo y actual, de dichos escritos. Debemos unir toda la Escritura a Cristo, entonces obtendremos la vida juntamente con la Palabra viva. El Señor dijo: "El Espíritu es el que da vida … las palabras que Yo os he hablado son espíritu y son vida" (Jn. 6:63). El Señor dijo que Sus palabras eran espíritu; por lo tanto, éstas deben ser consideradas como el Espíritu y deben ser tomadas en el Espíritu. El Espíritu es el que da vida; la letra mata (2 Co. 3:6). Si toman únicamente la letra de la Biblia, recibirán muerte y no vida. Todas las palabras de la Biblia salieron de la boca del Señor, quien es el Espíritu; por consiguiente, todo lo que proviene de El también debe ser

Espíritu, ya que El mismo es el Espíritu. Cada palabra de la Biblia debe ser tomada como Espíritu que da vida. Si únicamente ejercitamos nuestra mente al escudriñar las Escrituras, convertiremos la Biblia en letra muerta. En cambio, si ejercitamos nuestro espíritu invocando el nombre del Señor, a fin de tener contacto con la Palabra viva, recibiremos vida. No hay otra forma de experimentar esta palabra impresa como Espíritu de un modo tan viviente. Debemos leerla invocando el nombre del Señor Jesús desde lo profundo de nuestro ser. ¡Mezclen el leer con el invocar al Señor! Entonces obtendrán la vida.

DOS LLAVES: EL ESPIRITU Y LA PALABRA

Primero vimos que Cristo es nuestra felicidad; luego, que El es nuestro descanso; posteriormente, dijimos que El nos da la ley y que predice; y finalmente, vimos que El nos imparte vida. ¡Qué rico es todo eso! No obstante, ¿cómo podemos tocar a este Cristo? ¿Cuáles son las llaves para abrir todas estas puertas? El dijo: "He aquí, Yo estoy con vosotros todos los días, hasta la consumación del siglo"; pero ¿cómo podemos disfrutarle? ¿Cómo podemos tener contacto con El? Existen dos llaves: el Espíritu y la Palabra.

Leamos el versículo más precioso del capítulo tres de Juan, el versículo 6: "...lo que es nacido del Espíritu, espíritu es". Leamos ahora el versículo más precioso del capítulo cuatro, el versículo 24: "Dios es Espíritu; y los que le adoran, en espíritu y con veracidad es necesario que adoren". Ambos pasajes mencionan dos espíritus: uno escrito con mayúscula, y el otro con minúscula. Sabemos que el espíritu con mayúscula alude al Espíritu Santo, y que el espíritu con minúscula se refiere a nuestro espíritu humano. ¡Cristo significa tanto para nosotros! El lo es todo, pero debemos entender que El es el Espíritu. El es el Espíritu vivificante. Este Cristo maravilloso que ahora es el Espíritu, está en nuestro espíritu, y ambos espíritus, el divino y el humano, se han mezclado como un solo espíritu. "...Lo que es nacido del Espíritu, espíritu es". "Dios es Espíritu; y los que le adoran, en espíritu y con veracidad es necesario que adoren". Pero al pasar por los capítulos tres y cuatro de Juan, al llegar a los capítulos cinco y seis, se añade algo más. En el capítulo cinco podemos leer: "El que oye Mi palabra" (v. 24), y "...los muertos oirán la voz del Hijo de Dios..." (v. 25). Por tanto, no tenemos sólo al Espíritu, sino también la Palabra.

LA PALABRA ES EL ESPIRITU, Y EL ESPIRITU ES LA PALABRA

En el capítulo cinco no sólo tenemos la Palabra viva, sino también la Palabra escrita. Jesús dijo a los judíos: "Escudriñáis las Escrituras...", es decir, la Palabra escrita. Pero El también dijo: "Porque si creyerais a Moisés, me creeríais a Mí, porque de Mí escribió él. Pero si no creéis a sus escritos, ¿cómo creeréis a Mis palabras?" (vs. 46-47). Jesús se estaba refiriendo nuevamente a la Palabra escrita. El les dijo que si no creían a la Palabra escrita de la Biblia, ¿cómo podrían creer en la Palabra viva que salía de Su boca? Por tanto, alabemos al Señor porque tenemos la Palabra escrita. Tenemos al Espíritu y tenemos la Palabra. Entonces, cuando llegamos a Jn. 6:63 vemos que el Señor Jesús une estas dos cosas. El dijo: "El Espíritu es el que da vida ... las palabras que Yo os he hablado son espíritu y son vida". Primero vemos que podemos tocar a Cristo por medio del Espíritu, y luego que podemos establecer contacto con El mediante la Palabra. Finalmente, el Señor Jesús nos revela que ambos, el Espíritu y la Palabra, son uno solo: la Palabra es el Espíritu, y el Espíritu es la Palabra.

Juan 6:63 muestra claramente que la Palabra es el Espíritu. Además, existe otro versículo en la Biblia donde leemos que el Espíritu es la Palabra. Permítanme darles la traducción literal, palabra por palabra, de acuerdo con el texto griego, de Efesios 6:17-18: "Y recibid el yelmo de la salvación, y la espada del Espíritu, el cual es la palabra de Dios; con toda oración y petición orando en todo tiempo en el espíritu..." Estos dos versículos revelan tres puntos principales. Primero, muestran que el Espíritu es la Palabra. ¿Se han dado cuenta de que el Espíritu de Dios es la Palabra? La Palabra no es solamente el Espíritu, sino que el Espíritu es también la Palabra. Segundo, ¿cómo podemos tomar esta Palabra? Aquí se nos dice que debemos tomar la Palabra de Dios “con toda oración y petición”. Es decir, por medio de orar-leer. No debemos tomar la Palabra únicamente mediante la lectura, sino tomarla orando con toda oración. Existen toda clase de oraciones. En ocasiones debemos tomar la Palabra orando en silencio; otras veces, haciendo oración en voz alta; y aun en ciertas ocasiones debemos tomarla gritando y clamando al Señor. Algunas veces debemos tomar la Palabra con oraciones cortas, y otras veces con oraciones largas. Debemos orar-leer individualmente, pero a veces debemos hacerlo junto con otros santos; y aun otras, en medio de una congregación numerosa. Existen muchas maneras de orar-leer, pero hay un solo principio: debemos tomar la Palabra de Dios “con toda oración y petición”. Tercero, estos versículos también nos muestran cómo debemos orar: “orando en todo tiempo en el espíritu”. Esto se refiere a orar en nuestro espíritu humano. Para orar la Palabra tenemos que ejercitar nuestro espíritu, que es la parte más profunda de nuestro ser. No sólo analice la Palabra, ni simplemente la escudriñe; antes bien, tómela orando en el espíritu. ¡Aleluya!

¿Cuáles son las dos llaves que tenemos que usar para tener contacto con Cristo? El Espíritu Santo y la Palabra Santa. Tenemos al Espíritu Santo en nuestro espíritu, y tenemos la Palabra Santa, la Biblia, en nuestras manos. No debemos considerar que son dos cosas separadas, sino que son dos aspectos de una misma cosa. Dentro de nosotros está el Espíritu, y fuera de nosotros está la Palabra. Cuando la Palabra entra en nuestro espíritu, se convierte en el Espíritu, y cuando el Espíritu se expresa a través de nuestra boca, se convierte en la Palabra. Como pueden ver, el Espíritu y la Palabra, la Palabra y el Espíritu, son dos aspectos de una misma cosa. El aspecto interno es el Espíritu, y el externo, es la Palabra. Cuando lo externo alcanza nuestro espíritu, se convierte en el Espíritu, y cuando lo interno sale por nuestra boca, llega a ser la Palabra. Estas dos llaves nos permiten tener contacto con Cristo. Ahora Cristo es el Espíritu y El se encuentra en la Palabra. Olvídense de la religión, doctrina, enseñanzas, formas, ritos y reglamentos. Sólo ocúpense de Cristo. Tengan contacto con El, quien es el Espíritu en la Palabra.

EL ORGANO APROPIADO PARA USAR LAS LLAVES

¿Cuál es el órgano apropiado para usar estas dos llaves? Nuestro espíritu humano. Todos sabemos que la mano es el órgano adecuado para hacer girar la llave y abrir la puerta de nuestra casa. Sería totalmente absurdo usar nuestra boca o los dedos de nuestros pies para hacer esto. Del mismo modo, el órgano apropiado para usar las llaves del Espíritu y la Palabra, no es nuestra mente ni nuestra voluntad, sino nuestro espíritu humano. Debemos ejercitar nuestro espíritu y permanecer en él. Cada vez que oremos, debemos hacerlo en nuestro espíritu; siempre que oramos-leemos la Palabra, debemos también hacerlo con nuestro espíritu; y cada vez que decimos: "¡Oh Señor, amén, aleluya!", debemos hacerlo ejercitando nuestro espíritu humano. Podemos hacer de la Biblia un libro de letras o un libro lleno del hablar del Espíritu. La clase de Biblia que tengamos depende del órgano que usemos al entrar a ella. Si usamos nuestra mente para entrar en la Biblia, ésta será simplemente un libro de letras para nosotros. Pero si al ir a la Palabra ejercitamos nuestro espíritu, ésta se convertirá inmediatamente en un libro del Espíritu. El apóstol Pablo dijo en 2 Corintios 3:6: "La letra mata, mas el Espíritu vivifica". Al afirmar que la letra mata, Pablo se refería a la Palabra impresa. Si tenemos contacto con las Escrituras usando únicamente nuestra mente, éstas se convertirán en letras que matan. Este mismo libro puede ser para nosotros letras que matan o Espíritu que vivifica.

En primera instancia, todos debemos entender que tenemos tal Cristo: un Cristo que nos proporciona felicidad, que nos ofrece descanso, que nos da la ley, que predice, y que nos imparte vida. Sin embargo, también debemos entender que este Cristo es ahora el Espíritu, y que El se encuentra en la Palabra. Por consiguiente, si queremos tener contacto con este Cristo, debemos ejercitar nuestro espíritu, ya sea para orar-leer la Palabra o para invocar Su nombre. Si hacemos esto, tendremos contacto permanentemente con Cristo, y lo disfrutaremos grandemente. No existe otra forma de experimentar esto.

¿Ha tratado de cambiar su concepto acerca de la manera de tener contacto con la Biblia? Me preocupa mucho que siga

¿Ha tratado de cambiar su concepto acerca de la manera de tener contacto con la Biblia? Me preocupa mucho que siga aferrado a su antigua manera de leer y estudiar las Escrituras ejercitando sólo la mente. ¿Aún sigue practicando su antigua manera? No dudo que al estudiar la Biblia haya recibido en ocasiones algo de vida. Pero creo que la mayor parte del tiempo ha sido adormecido o aun muerto, simplemente por ir a la Biblia de la manera incorrecta. La nueva manera, y la mejor, consiste en ir al Señor al mismo tiempo que tenemos contacto con la Biblia. Siempre debemos combinar ambas prácticas. Cuando vayan a la Biblia, deben abrir tanto su espíritu como su boca para invocar el nombre del Señor Jesús. Todo versículo o frase que lean, háganlo invocando el nombre del Señor. Mezclen siempre la lectura de las Escrituras con el invocar al Señor Jesús. ¡Inténtenlo! Y de inmediato verán la diferencia.

Es posible argumentar diciendo: "¿Acaso no debemos entender la Biblia?" Dejen este asunto al Señor. Sólo oren-lean la Palabra, y el Señor se encargará de que la entiendan. Les garantizo que si practican fielmente el orar-leer la Palabra de Dios, podrán entender la Biblia mucho mejor que los que no practican el orar-leer.

Usemos un cerillo como ejemplo. Sabemos que el palito del cerillo está hecho de madera, pero en esencia, el cerillo es el fósforo. La palabra fósforo significa "portador de luz". Segunda de Pedro 1:19 se refiere al Señor como la estrella de la mañana; en griego, ese término significa fósforo. Cristo es el fósforo, el portador de luz que resplandece en las tinieblas. Supongamos que necesito usar el cerillo, ¿qué tengo qué hacer? Por supuesto, tengo que encenderlo. Pero ¿cómo puedo encenderlo? Si trato de tallar el extremo que no tiene fósforo, no obtendré ninguna luz, aun si lo tallara por la eternidad, pues estoy usando el extremo equivocado. La Biblia es el cerillo, y el Señor Jesús, el Espíritu, es el fósforo. Podemos comparar al palito de madera de un cerillo con el blanco y negro de las letras en la Biblia, es decir, con las letras impresas, las cuales sostienen a Cristo como el fósforo, quien es la estrella celestial de la mañana. ¿Cómo podemos lograr que el fósforo se encienda y brille? Usando el extremo correcto del espíritu humano. No debemos preocuparnos tanto por la letra impresa en blanco y negro; esto sería semejante a centrarnos en el extremo incorrecto del cerillo. Debemos centrar toda nuestra atención en el extremo que tiene fósforo. Ciertamente lo que tenemos son las letras de la Palabra escrita, pero no debemos prestarles demasiada atención. Más bien, debemos centrarnos en el fósforo celestial que está en la Palabra, es decir, en el Cristo que es el Espíritu. Debemos encender el extremo correcto en el lugar adecuado, esto es, en nuestro espíritu humano. Muchos cristianos "prenden" la Biblia en el área de su mente. Así es que, no es de sorprenderse que nunca logren encenderla. Indudablemente necesitamos el extremo de madera para sostener el fósforo, o sea que necesitamos la palabra escrita, la letra impresa que contiene a Cristo como el fósforo celestial. Sin embargo, el fósforo, es decir, el Espíritu, es lo que realmente prende y emite luz. Debemos encender el extremo correcto, y debemos hacerlo en el lugar adecuado. Debemos tomar la Palabra escrita para prender al Señor, quien es el Espíritu, en nuestro espíritu humano. Si lo hacemos así, obtendremos fuego inmediatamente. Esto realmente funciona. Si abren su Biblia durante media hora o una hora sin obtener el fuego, algo está equivocado. Puedo asegurarles que ustedes se encenderán con tan solo dos minutos de clamar así: "¡Oh Señor Jesús! En el principio era el Verbo. ¡Amén! ¡Oh Señor Jesús, Tú eres la Palabra! ¡Amén, Señor Jesús! ¡Aleluya!" Esta es la manera correcta de tener contacto con la Palabra. Deben encender al Señor Jesús, el fósforo celestial, tomando la Palabra en el espíritu humano. ¡Aleluya! Practiquen esta nueva manera y abandonarán por completo la antigua. Cada vez que tomemos la Palabra en esta nueva manera, ella se encenderá y resplandecerá sobre nosotros.

¡Alabado sea el Señor! Tenemos las llaves, tenemos el órgano apropiado y sabemos la manera correcta de tener contacto con este maravilloso Cristo y disfrutarlo.

CAPITULO OCHO

CRISTO DA LA VISTA

Lectura bíblica: Juan 9:1-3, 6-7, 14-16, 22, 24-25, 28-30, 33-38; 10:1-11, 14-16, 21, 26-31, 38-39

Ahora llegamos al capítulo nueve de Juan, donde descubrimos otro sábado. Ya hemos visto tres sábados, y ahora llegamos al cuarto. El Señor Jesús quebrantó cada uno de ellos. El actuó deliberadamente a fin de quebrantar la tradición del sábado. Jesús era un excelente quebrantador del sábado. No debemos pensar que por azar hizo todas estas cosas en el día sábado. ¡No! El lo hizo con un propósito determinado. Lo hizo a propósito para quebrantar los reglamentos de la religión.

UN REPASO

Repasemos brevemente los sábados que hemos visto. Es interesante observar que el Evangelio de Mateo habla de dos sábados, y el de Juan también habla de dos. El primer sábado trata de los hambrientos: en él, el Señor Jesús llevó a Sus discípulos a los sembradíos y les dio completa libertad de hacer lo que quisieran. Los sembradíos no se parecen en nada a la sinagoga ni al templo, puesto que son un lugar agreste e inculto. ¿Preferiría usted sentarse ordenadamente en una sinagoga culta, o estar sin ningún reglamento arrancando espigas en los sembradíos? ¿Qué prefiere usted? Los sembradíos eran un lugar de alimento; un sitio donde había plena libertad de los reglamentos religiosos.

El segundo sábado nos muestra el caso de un miembro enfermo del Cuerpo, al cual el Señor compara con una oveja que cae en un hoyo. El miembro con la mano seca era la oveja caída que no tenía descanso. Por tanto, el Señor quebrantó el sábado para que este miembro seco y caído obtuviera reposo. En el segundo caso, el Señor se interesó por el que estaba en el hoyo. Cuando estamos secos, simplemente estamos en un hoyo, atados y sin ningún descanso. Pero ¡Aleluya! el Señor Jesús nos ha levantado! El nos sanó y ahora nos encontramos en casa, fuera del hoyo. La iglesia es primeramente los sembradíos, y luego la casa.

El tercer sábado nos muestra el caso de un hombre imposibilitado que yacía en un pórtico religioso, esperando que sucediera algo. El Señor Jesús lo vio y por Sus palabras impartió vida en él. El Señor nos ha alimentado y rescatado; además, El impartió Su vida dentro de nosotros. Ahora tenemos satisfacción y libertad, y además, hemos sido vivificados.

UN CIEGO EN EL REDIL

Ahora llegamos al último sábado, esto es, al cuarto caso. Este es el caso de un ciego. Podemos ser perfectos y completos en todo aspecto, y aun así, haber nacido ciegos como este hombre. Dicho hombre tenía un solo problema: carecía de la vista. El Señor Jesús implica claramente en el capítulo siguiente, el capítulo diez, que este hombre estaba en el "redil". En cierto sentido, el redil es un buen lugar, pero en otro, el redil no es bueno. Como todos sabemos, el redil es el lugar donde se guarda al rebaño durante la noche, en el invierno, o cuando hay una tormenta. Durante el día, cuando el sol brilla, las ovejas no deben estar en el redil, sino donde hay pastos. Pero un ciego está destinado a permanecer en el redil, guardado y preservado durante la noche. Un ciego nunca conoce el resplandor del día; incluso cuando brilla el sol, él no lo puede disfrutar. Para el ciego el día es como la noche; siempre está en tinieblas. Si usted es ciego, tiene que permanecer en el redil.

Cuando estábamos en las denominaciones éramos ciegos. No creo que un cristiano que haya recobrado verdaderamente la vista pueda permanecer en las denominaciones. Todo aquel que ve, deja el redil y va en pos de los pastos, bajo el resplandor del sol y el aire fresco, en completa libertad. ¿Dónde se halla usted ahora? ¿Está usted en el redil o en los pastos?

Permítanme decir esto: si alguien aún está en el redil, es una persona ciega. Por supuesto que una persona ciega necesita el redil para ser guardado. Pero cuando recobre la vista, dejará rápidamente el redil para ir en pos de los pastos, donde disfrutará del resplandor del sol y del aire fresco.

UN CUADRO DESCRIPTIVO DE NUESTRA CONDICION

No piense que estos cuatro casos ocurridos en cuatro sábados diferentes hablan de cuatro personas distintas. Les aseguro que, en el plano espiritual, estos cuatro casos son cuatro aspectos de una misma persona. Cada uno de nosotros está representado en este cuadro descriptivo. Nosotros somos los hambrientos, los miembros secos y las ovejas caídas; además, hemos estado incapacitados por muchos años, y somos los ciegos. Tenemos hambre, estamos secos, caídos, imposibilitados y ciegos. Antes de ser salvos y de entrar en la vida de iglesia, éramos tal clase de personas. Este es un retrato de nuestra condición pasada. Puedo testificar que antes de ser salvo y entrar en la vida de iglesia, me hallaba realmente hambriento, seco y caído, imposibilitado y ciego. En cierto sentido, esperaba que algo sucediera, y en otro sentido, estaba verdaderamente ciego. No sabía en qué dirección iba, ni podía discernir si era de día o de noche. Ciertamente todos estábamos en el redil. Pero, ¡aleluya! el Señor Jesús quebrantó el sábado y nos alimentó. ¡Aleluya! El también quebrantó los reglamentos de la religión para sacarnos del hoyo. El Señor Jesús vino con el fin de impartir vida en nosotros. Anteriormente dependíamos de que sucediera algo, pero ahora podemos tomar nuestra cama y andar, pues tenemos vida. El Señor Jesús también hizo esto quebrantando los reglamentos de la religión. Finalmente, ¡aleluya! el Señor vino y nos abrió los ojos, y aunque los religiosos nos expulsaron del redil, acudimos a los pastos. ¡Aleluya! ¡Cuán maravilloso es salir del redil y entrar a los pastos!

Ahora, en la vida de iglesia, ya no tenemos hambre, pues estamos en los sembradíos. Ya no estamos en el hoyo, sino en la casa. Y ya no yacemos imposibilitados en un pórtico religioso; antes bien, tenemos vida. No tenemos más necesidad de que los demás nos ayuden y nos carguen, pues ahora podemos llevar nuestro lecho solos. Ahora en la vida de iglesia ya no estamos en el redil, sino en los pastos. ¡Este es un gozo inefable y lleno de gloria!

Finalmente, no estamos sólo en los pastos, sino también en el rebaño. ¡Alabado sea el Señor! No somos un redil sino un rebaño. El redil es un lugar para guardarnos, pero el rebaño se compone de todos los santos. La iglesia no es un lugar, sino que es un rebaño. Si fuéramos una denominación, una sinagoga o una secta, entonces seríamos un redil. Pero, ¡aleluya! somos un rebaño: la iglesia. Somos las ovejas del rebaño que pacen en los pastos verdes y tiernos, disfrutando continuamente del Cristo ilimitado. ¿Tenemos reglamentos y tradiciones? ¡No! ¿Estamos en cautiverio? ¡No! Por el contrario, estamos en el pasto verde y tenemos libertad, vida, aire puro y un sol resplandeciente: tenemos todo lo que necesitamos. Somos un solo rebaño con un solo Pastor. Aquí estamos actualmente. ¿También están ustedes aquí? El Señor quebrantó cada uno de estos cuatro sábados para traernos aquí.

NI SI, NI NO

Profundicemos ahora en el caso del hombre ciego. El Señor Jesús pasaba por allí y vio a este hombre ciego de nacimiento. Sus discípulos le preguntaron: "Rabí, ¿quién pecó, éste o sus padres, para que haya nacido ciego?" (9:2). La pregunta de los discípulos fue completamente religiosa. Ellos razonaron que alguien debió haber pecado, él o sus padres, para que este hombre fuera ciego. Pero Jesús respondió: "No es que pecó éste, ni sus padres" (v. 3). Si leen cuidadosamente el Evangelio de Juan, se darán cuenta de que la gente acostumbraba ir a Jesús y hacerle preguntas que requerían de un sí o un no. Pero Jesús nunca contestaba con un sí ni con un no. En realidad, El nunca dijo "ni sí, ni no". Por ejemplo, en el capítulo cuatro la samaritana mencionó el asunto de la adoración. Ella dijo: "Nuestros padres adoraron en este monte, mas vosotros decís que en Jerusalén es el lugar donde se debe adorar" (v. 20). Sin embargo, el Señor Jesús dijo: "Ni en este monte ni en Jerusalén adoraréis al Padre" (v. 21). En el capítulo nueve, el Señor dio a Sus discípulos una respuesta similar. El nunca contesta sí ni no; más bien, contesta según la vida. Con El no se trata de tener razón o de estar equivocados, no se trata de sí o de no, de bien o de mal, ni de nada que pertenezca al árbol del conocimiento. Se trata solamente de Dios, de la vida. El Señor Jesús dijo a Sus discípulos: "No es que pecó éste, ni sus padres, sino que nació así para que las obras de Dios se manifiesten en él" (v. 3). La pregunta de los discípulos provenía de la religión, pero la respuesta del Señor Jesús pertenecía a la revelación. Con Su respuesta, Jesús quitó el velo de la religión. El en realidad dijo: "Olvídense de la religión. No se trata de esto ni de aquello, sino de manifestar las obras de Dios".

LO DIVINO SE MEZCLA CON LO HUMANO

Después de esto, el Señor Jesús habló muy poco. Inmediatamente después de hacer tal declaración, leemos que El escupió en la tierra e hizo lodo con Su saliva (v. 6). Desde el punto de vista humano y biológico, la saliva es un fluido sucio y desagradable. No obstante, el Señor escupió en la tierra y mezcló la saliva con la tierra. Luego, leemos que el Señor tomó esta saliva mezclada con tierra, ungió los ojos del ciego, y le pidió que se fuera a lavar. Una vez que el ciego hizo esto, regresó sano. Al hacer esta señal, el Señor Jesús no actuó sólo de manera milagrosa, sino más bien, hizo algo inculto, vulgar, y totalmente opuesto al concepto humano. La opinión de la gente fue que El actuó de manera vulgar. De todas las sustancias que existen, ¿quién se imaginaría que el Señor Jesús iba a usar saliva mezclada con barro, como ungüento para ungir al hombre ciego? El Señor siempre actúa de manera opuesta a nuestros conceptos religiosos y humanos. Visto desde una perspectiva espiritual, lo que El hizo encierra un significado muy profundo, pues el Señor mezcló un elemento que salió de Su boca con otro elemento: la tierra. Nosotros somos tierra; por consiguiente, lo que el Señor hizo representa la mezcla de lo divino con lo humano.

Todos nacimos ciegos. ¿De qué manera recibimos la vista? Al mezclarnos con el Señor Jesús, quien es una persona divina. El elemento de Cristo debe entrar en nosotros y mezclarse con nuestro ser. Por experiencia personal, la mayoría de nosotros podemos testificar lo siguiente: el día en que recibimos a Cristo, fue el día en que recibimos la vista. Aun ahora, al mezclarse Cristo con nosotros, recibimos la vista. Si usted permite que Cristo imparta algo de Sí mismo dentro de usted, recibirá la vista.

NI CORRECTOS NI EQUIVOCADOS

El hombre ciego recibió la vista. Esto fue maravilloso. Entonces, los fariseos religiosos se hicieron presentes nuevamente a fin de acusar y condenar. Ellos amedrentaron al pobre hombre que recibió la vista, para que no siguiera a Jesús. Lo injuriaron, diciendo: "Tu eres Su discípulo; pero nosotros, discípulos de Moisés somos" (v. 28). Afirmaron que Jesús era un pecador porque había quebrantado el sábado, pero aquel hombre simplemente respondió: "Si es pecador, no lo sé; una cosa sé, que habiendo yo sido ciego, ahora veo" (v. 25). Al hombre ciego no le preocupaba lo que estaba correcto o incorrecto; sólo le interesaba el hecho de que había recibido la vista. No le importaba lo correcto o equivocado, ni el sí ni el no. A él únicamente le interesaba haber recibido la vista.

EXPULSADO DE LA RELIGION

Los religiosos lo injuriaron. En aquel tiempo, cuando alguien decía que era seguidor de Jesús, era rechazado y catalogado como alguien detestable. Así que, los religiosos lo expulsaron de la sinagoga, lo echaron del judaísmo, lo sacaron de la religión judía. En aquellos días, si alguien era expulsado de la sinagoga y de la religión judía, no podía llevar más una existencia normal. Ya que no podía conservar su trabajo, perdía su medio de subsistencia. El hecho de ser expulsado de la religión judía era algo muy grave. Sin embargo, el Señor lo halló y le preguntó: "¿Crees tú en el Hijo de Dios?" (v. 35). El contestó: "¿Quién es, Señor, para que crea en El?" Jesús respondió: "Pues le has visto, y El que habla contigo, El es". Y él contestó: "Creo, Señor"; y le adoró. Actualmente, cuando leemos este relato, nos parece que todo esto era muy sencillo y sin muchas consecuencias, pero les aseguro que en aquel tiempo esto no era tan sencillo y traía consecuencias muy serias.

CRISTO, LA PUERTA DEL REDIL

Inmediatamente después de que este hombre fue expulsado de la sinagoga, el Señor Jesús declaró que El era la puerta para todas las ovejas que estaban en el redil. El dijo que todos los que le habían precedido eran ladrones y salteadores, y que El era el único que había venido a impartir vida a las ovejas. Declaró que El era el Pastor, aquel que saca a las ovejas del redil por la puerta y las conduce a los pastos. También les dijo que tenía otras ovejas que no pertenecían al redil judío; que a ellas también las iba a traer, y las juntaría con las ovejas del redil para formar un solo rebaño. Esto es muy significativo.

Cuando muchos santos queridos leen que Jesús es la puerta en el capítulo diez de Juan, se imaginan que Jesús es la puerta del cielo. Este es un concepto totalmente erróneo. En el capítulo diez de Juan, Jesús no es la puerta del cielo, sino del redil. El redil era el judaísmo, la religión judía. Debemos entender que ese redil fue establecido originalmente por Dios en el Antiguo Testamento. Dios dejó a todos Sus queridos santos en dicho redil para que fueran guardados hasta que Cristo viniera. Todos fueron colocados allí; todos entraron por la puerta, no por las paredes, y esa puerta es Cristo. David fue puesto allí, así como también Jeremías y Daniel. Todos fueron puestos en el redil por medio de Cristo, quien es la puerta apropiada. Los santos del Antiguo Testamento que creyeron en el Cristo venidero, entraron a ese redil por medio de El. Cristo era la puerta por la cual entraron. Más adelante vino Jesús; la noche había pasado, y el día había ya amanecido. Las ovejas ya no necesitaban la salvaguarda del redil, y podían salir y hallar pastos. El invierno pasó, llegó la primavera y allí estaba Cristo: el pasto. Antes de Su venida, Jesús era la puerta por la cual todos entraban. Pero cuando El vino, lo que en realidad dijo fue: “Ahora soy la puerta para que todos puedan salir”. En la era del Antiguo Testamento, Cristo era la puerta por la cual los santos entraban al redil; pero ahora, en la era del Nuevo Testamento, El es la puerta por la cual todas las ovejas pueden salir del redil. De modo que, cuando El nos saca, no solamente es la puerta, sino también el Pastor. Los creyentes son las ovejas, y El es el Pastor que las conduce a los pastos verdes. Además, El es también el pasto. El condujo a Pedro fuera del redil, e hizo lo mismo con Juan, con Jacobo y con el ciego que recibió la vista.

Posteriormente, El declaró que tenía otras ovejas en el mundo gentil, en el mundo pagano. Así que, en el tiempo preciso El vino a América, que es una parte del mundo pagano. Un día, ¡alabado sea el Señor! Jesús fue también a mi país, otra parte del mundo pagano. Nosotros éramos las otras ovejas, y El nos condujo a todos a los pastos verdes. Ahora formamos un solo rebaño.

Cuando Jesús anduvo en la tierra, el judaísmo era el redil, pero ahora hay muchos rediles nuevos. Existen muchas denominaciones, sectas y grupos cristianos; a los ojos del Señor todo esto constituye los rediles de hoy. Aunque en dichos grupos la gente tenga buenas intenciones con respecto al Señor, lo que producen es desastroso, porque promueven la división. Quizás busquen guardar al pueblo de Dios en un redil, pero finalmente causan divisiones. Ahora el Señor está llevando a cabo la misma obra que realizó en el capítulo nueve de Juan: El abre los ojos de muchos que están retenidos en los rediles, los saca de allí y los congrega como un solo rebaño en el pasto verde. Cuando usted recibe la vista, los encargados de los rediles ya no están dispuestos a guardarle allí ni un día más, y por otra parte, usted tendrá el deseo de salir. Cristo es la puerta por la cual usted puede salir y unirse al único rebaño, con el único Pastor.

DE LA RELIGION A LA IGLESIA

Anteriormente teníamos hambre y estábamos caídos, imposibilitados y ciegos. Pero ¡aleluya! ahora somos el rebaño, la iglesia, la novia para el Novio. Ya no estamos en el hoyo, en los pórticos religiosos ni en el redil, sino en el pasto, que es Cristo mismo. Fuimos rescatados de aquel pozo, liberados del pórtico, sacados del redil y congregados como un solo rebaño con un solo Pastor, quien nos alimenta con los pastos verdes. Esto es la vida de iglesia.

Repasemos brevemente el relato bíblico de cómo se inició la ruptura entre el Señor Jesús y la religión. Los cuatro evangelios muestran que empezó con el tema del ayuno y de la oración. El Señor Jesús llegó a un ambiente cargado de religiosidad, y estalló el conflicto. No lo empezó ni lo provocó El, sino que lo iniciaron los religiosos, los discípulos de Juan y de los fariseos. Ya vimos cómo se presentaron ellos ante el Señor Jesús para formularle preguntas acerca del ayuno. Este fue el inicio de la ruptura. El Señor no guardaba el ayuno, sino que quebrantó esa norma religiosa. Después de quebrantar el rito del ayuno, El quebrantó el sábado en los cuatro casos que ya vimos. Cuando vemos el último caso, llegamos a la cumbre, a la última etapa. No necesitamos el quinto sábado, pues hemos llegado a la cima del monte; ahora somos el rebaño, la iglesia. Obtenemos esto al salir del redil a través de la puerta, al seguir a Jesús como Pastor y al disfrutarlo día tras día con todas Sus riquezas, las cuales son nuestros pastos. Es debido a esto que nos reunimos en unidad. No estamos en una organización, sino que hemos sido congregados por el Señor Jesús quien es la puerta, el Pastor y los pastos. Es así como llegamos a ser la iglesia, la cual es el propósito eterno y consumado de Dios. El lo ha cumplido, y lo hizo de una manera maravillosa.

Yo llegué a la iglesia local por primera vez en 1932. El Señor Jesús me sacó de la "sinagoga" y me introdujo en los sembradíos, para alimentarme con sus riquezas. Oh, en aquel tiempo la iglesia me parecía un campo de trigo; yo podía arrancar espigas libremente y disfrutarlas. Luego, El me rescató del pozo donde había caído; yo era un miembro seco, yacía en el pórtico esperando algo o alguien, pero El impartió Su vida en mí y me hizo un miembro activo del Cuerpo. Yo estaba imposibilitado y ciego, pero El impartió algo de Sí mismo dentro de mi ser, no sólo para que yo tuviera vida, sino para que la tuviera en abundancia; y al hacer esto, recibí la vista. Entonces recibí la luz: pude ver que el Señor era la puerta, lo seguí fuera del redil y entré en los pastos. Ahora puedo testificar que día y noche lo disfruto como mi pasto. Estamos en el rebaño. ¡Qué bueno es esto! Aleluya, siempre estamos reunidos. No se trata de que intentemos unirnos, sino que hemos sido hechos uno. No estamos unidos por ningún estatuto ni credo escrito por manos humanas, sino por el Señor Jesús quien es la puerta, el Pastor y los pastos.

El hecho de que el rebaño exista hace posible que todo se cumpla. Ahora tenemos el verdadero sábado. No quebrantamos el sábado, sino que lo guardamos por la eternidad. Día tras día estamos descansando en Cristo, disfrutando del verdadero sábado. Todos los sábados de ardua labor han terminado; ahora estamos en el sábado del reposo. Estamos reposando en el rebaño.

EL CAPITULO DIEZ INTERPRETA AL NUEVE

El capítulo diez de Juan está relacionado con el capítulo nueve; no se trata de dos relatos separados, sino de uno solo, en dos capítulos. En el capítulo diez, el Señor Jesús dijo: "El ladrón no viene sino para hurtar, matar y destruir; Yo he venido para que tengan vida, y para que la tengan en abundancia" (v. 10). A menudo hemos citado este versículo aisladamente, sin tomar en cuenta su contexto. Pero ahora, al unir estos dos capítulos, vemos cómo el Señor nos imparte vida. El hombre ciego se encontraba allí y estaba necesitado; era simplemente un hombre hecho de barro, y el Señor Jesús lo sanó. El Señor le recobró la vista con el elemento que salió de Su boca, al escupir en tierra y mezclar Su saliva con dicha tierra. El hombre ciego fue ungido y sanado con ese ungüento extraño. Sin el capítulo diez, resultaría bastante difícil entender lo que significa esta mezcla de la saliva del Señor con el barro. Pero este capítulo nos da la interpretación, al mostrar que mediante esa mezcla, el Señor impartió vida en aquel ciego: algo salió de Jesús y entró en el ciego, mezclándose con él. Lo que el Señor hizo en el capítulo nueve constituyó una señal, la cual representa una realidad espiritual. El Señor Jesús vino a impartirnos vida mediante algo que sale de Su boca y que se mezcla con nosotros. Cuando llegamos al capítulo veinte de este evangelio, vemos cómo el Señor Jesús, después de Su resurrección, fue a Sus discípulos y sopló en ellos. En cierto sentido este soplo fue una clase de saliva. Algo salió de Su boca y entró en Sus discípulos, mezclándose con ellos como lo hizo con el barro. Se trata de la vida que El imparte. La vida es el soplo del Señor, el cual entra en nosotros y se mezcla con nuestro ser. Por medio de dicha vida recibimos la vista.

COMO SE MEZCLA DIOS CON NOSOTROS

¿Cómo podemos hoy en día recibir algo que provenga del Señor, que entre en nuestro ser y se mezcle con nosotros? De dos formas: primero, al invocar el nombre del Señor Jesús, pues cuando invocamos Su nombre, respiramos Su persona; segundo, al orar-leer Su palabra. La saliva hoy es la Palabra viva, y nosotros somos el barro. Cuanto más oramos-leemos, más obtenemos el elemento del Señor Jesús, que entra en nosotros. Así es como se mezcla el Señor con nosotros, y como resultado, no sólo obtenemos vida, sino vida en abundancia. Y por medio de esta vida recibimos la vista.

Tal vez usted diga que siempre que hablo, termino mencionando el asunto de invocar el nombre del Señor y de orar-leer la Palabra. Es cierto, pues no he hallado otra manera que funcione mejor. En todos mis años de experiencia con el Señor, sólo he encontrado estas dos maneras: invocar el nombre del Señor y orar-leer la Palabra. Tengo la plena seguridad en que ésta es la mejor manera para que el Señor mezcle Su elemento con nosotros.

¿Se da cuenta de que usted es simplemente un pedazo de barro, que nació ciego y que ha estado guardado en un redil? Si comprende esto, debe permitir que Cristo imparta algo de Sí mismo dentro de su ser. Entonces obtendrá vida y recibirá la vista, saldrá del redil y disfrutará de los pastos verdes. La única manera es al invocar Su nombre y orar-leer. Debemos decir continuamente: "¡Oh Señor, amén! ¡Oh Señor, amén!" También debemos orar-leer continuamente la Palabra. Entonces la saliva de la boca del Señor se mezclará con el barro, es decir, con nosotros, y así seremos ungidos, pues esta mezcla es la unción. ¡Aleluya! cuanto más invocamos el nombre del Señor y oramos-leemos la Palabra, más somos ungidos. Esta unción es muy dulce, refrescante y nueva. De este modo podemos experimentar a Cristo como la puerta, el Pastor y los pastos. Por eso ahora pertenecemos al rebaño, la iglesia.

Finalmente, no tenemos nada ni valoramos nada, sino a Cristo y la iglesia, esto es, a la Cabeza y al Cuerpo. En estos días el Señor está en el proceso de recobrar estas verdades. El está recobrando a Cristo como vida, y está recobrando también la vida apropiada de iglesia. El Señor está haciendo esto para avergonzar al enemigo. De modo que Dios el Padre puede mirar al enemigo y decirle: "Satanás, mira, aun en esta tierra, en esta era de tinieblas, Mi Hijo Jesucristo puede tener Su Cuerpo". Eso no es solamente una vergüenza para Satanás, sino también una cabeza de playa, es decir, el primer territorio tomado por el Señor por medio del cual Cristo ganará toda la tierra. La vida de la iglesia será la cabeza de playa que permitirá el regreso de Cristo. El Señor Jesús lo está haciendo, no de una manera humana, sino de una forma divina; no por medio de una organización, sino mediante el Espíritu transformador.

Capitulo nueve

LA COMISION DEL SEÑOR

Lectura bíblica: Juan 20:1, 11, 14-17, 19-23, 26; 21:1, 3-6, 9-19, 22

Mateo y Juan son los dos Evangelios que muestran cuán incompatible es Cristo con la religión. ¿Por qué estos dos libros subrayan tanto este asunto? Mateo declara que Jesús es Emanuel, Dios con nosotros. Jesús no era únicamente hombre, sino también Dios. Como tal, El era absolutamente distinto de la religión y no tenía nada que ver con ésta. Como hombre, El pudo haberse asociado y relacionado con la religión, pero como "Dios con nosotros", El es totalmente ajeno a la religión. Esto es Mateo. Por otra parte, Juan dice que Jesús era el Verbo en el principio, es decir, Dios mismo encarnado como hombre. El no era solamente un hombre, sino un Dios-hombre. Por lo tanto, debido a la esencia de Su ser, El no tenía nada que ver con la religión.

Otro aspecto particular de Mateo y Juan consiste en que nunca mencionan la ascensión del Señor Jesús, mientras que los evangelios de Marcos y Lucas sí la mencionan. La ascensión del Señor implica que El se fue de nosotros; sin embargo, Mateo nos dice que El es Emanuel, Dios con nosotros. Como tal, El nunca podría irse. Por consiguiente, El dijo: "He aquí, Yo estoy con vosotros todos los días, hasta la consumación del siglo" (Mt 28:20). Ciertos pasajes de la Biblia afirman que Jesús ascendió, pero Mateo y Juan no dicen eso. Además, el Evangelio de Mateo no tiene ninguna conclusión, y el Evangelio de Juan tampoco la tiene. Juan relata que el Señor Jesús se reunía con Sus discípulos en la tierra, pero dicho relato no ha terminado ya que El continúa reuniéndose con Sus discípulos hoy. En los cielos, el Evangelio de Juan ya debe tener algunos dos mil veintidós capítulos; quizá ahora estemos en el capítulo número dos mil veintitrés. Ciertamente este Cristo no podría estar en ninguna religión. El se halla en una esfera ajena a la religión.

EL CAPITULO VEINTIUNO DE JUAN ES UN APENDICE

Indudablemente, el Evangelio de Juan es el libro más maravilloso con respecto a la vida. Cuando era joven, apreciaba mucho el primer capítulo de este evangelio. Empieza de una forma gloriosa: "En el principio era el Verbo, y el Verbo estaba con Dios, y el Verbo era Dios ... en El estaba la vida, y la vida era la luz de los hombres". ¡Es tan elevado y profundo! No obstante, cuando llegué al último capítulo de Juan, el capítulo veintiuno, quedé sorprendido y confuso, pues no se parece a ningún otro capítulo de Juan. En él leemos: "Simón Pedro les dijo: Voy a pescar. Ellos le dijeron: Vamos nosotros también contigo". Entonces todos fueron a pescar, y no pescaron nada en toda la noche. De repente, Jesús estaba allí y les habló acerca del comer, etc. ¿Qué clase de capítulo es éste? El capítulo catorce habla del Consolador y del Espíritu de realidad, el quince habla de la vid y de los pámpanos, y el capítulo diecisiete trata de la oración del Señor como Sumo Sacerdote; estos capítulos son maravillosos y profundos. ¿Podría usted creer que un evangelio como el de Juan incluyera el capítulo veintiuno? Cuando era joven pensaba que algo debía estar equivocado. En mi opinión, este capítulo no encajaba.

Leamos los últimos dos versículos del capítulo veinte, los versículos 30 y 31: "Hizo además Jesús muchas otras señales en presencia de Sus discípulos, las cuales no están escritas en este libro. Pero éstas se han escrito para que creáis que Jesús es el Cristo, el Hijo de Dios, y para que creyendo, tengáis vida en Su nombre". Estos versículos son verdaderamente maravillosos y constituyen una conclusión apropiada de todo el libro. A estas alturas podríamos decir que el libro ha concluido; pero después, sigue otro capítulo más. Lo podríamos llamar un apéndice o una posdata.

SIN PROGRAMA

Si usted fuera Jesús y supiera que iba a morir y a resucitar de entre los muertos, ciertamente habría dado muchas instrucciones a sus discípulos. Tal vez les habría dicho: "Pedro, Juan, Jacobo y el resto de ustedes, vengan aquí y permítanme darles un programa. Primero voy a morir; después, resucitaré de los muertos al tercer día; posteriormente, todos ustedes deben encontrarse conmigo en cierto lugar, donde haré ciertas señales; en cuarto lugar, todos deben ir a otros lugares, donde sucederán otras cosas; en quinto y sexto lugar, etc. etc. y así hasta el punto número veinticuatro". Si ustedes estuvieran en lugar de Jesús, ciertamente planearían todo detalladamente con los discípulos. Este es nuestro concepto natural, nuestra mentalidad religiosa. Pero al leer los últimos dos capítulos de Juan no vemos nada parecido a esto; el Señor Jesús nunca dio ninguna instrucción ni dejó programa alguno. Desde nuestra perspectiva natural, todo parece confuso. Todo sucedió como por accidente. Sin embargo, ¡alabado sea el Señor! aunque no se había planeado nada, ni se hizo ningún arreglo o cita, los discípulos tenían al Cristo resucitado, al Señor vivo. Este Cristo, como lo subraya el relato en estos capítulos, venía a Sus discípulos en cualquier lugar y en cualquier momento. Simplemente se aparecía. El llegaba de una manera totalmente distinta de la religión actual. Nunca convocó una reunión formal; no hubo ninguna reunión de ese tipo. Si Pedro hubiera convocado una reunión urgente con todos los discípulos para discutir muchos asuntos con Jesús, esa acción habría correspondido con nuestro concepto. No obstante, Jesús nunca se reunió de esta manera con Sus discípulos.

JESUS SE APARECE A UNAS HERMANAS INSENSATAS

Jesús se apareció por primera vez después de Su resurrección, a un grupo de hermanas insensatas. En cierto sentido, las hermanas son siempre insensatas. No parecen tener un entendimiento muy claro. Por otra parte, los hermanos parecen siempre entenderlo todo claramente; así que, Pedro, Jacobo y Juan se quedaron en casa para dormir. Tal vez dijeron a María: "¡Ir al sepulcro tan temprano es algo insensato! ¿Por qué no mejor te quedas en casa y duermes?" En la vida de iglesia las hermanas, en cierto sentido, siempre hacen cosas de manera insensata. Pero les aseguro que necesitamos muchas hermanas insensatas en la iglesia. La resurrección del Señor Jesús fue descubierta por medio de estas hermanas insensatas. El Señor no se apareció por primera vez a unos hermanos entendidos, sino a unas hermanas insensatas. ¿Qué podemos decir de esto? No creo que el Señor se aparecería a los cristianos que lo saben todo, pero muchas veces, El se aparece a los insensatos. Esto es indiscutible. Sin duda alguna las hermanas eran insensatas, pero ellas fueron las primeras que vieron al Señor. Buscaron al Señor de una manera insensata, pero debemos agradecer al Señor por tal insensatez. Cuanto más creemos que sabemos, menos útiles somos para el Señor.

El Señor me hizo un hermano, un hombre, y debo estar satisfecho con lo que El creó; pero a veces le pregunto: "Señor, ¿por qué me hiciste hombre? Quisiera ser una hermana. Un hombre no te ve muy fácilmente, pero una hermana insensata sí. Si fuera hermana, te vería y estaría contigo. ¡Me gustaría ser una hermana!" La primera reunión que el Señor Jesús tuvo después de Su resurrección, fue con unas hermanas; ¡no con hermanos! Esa fue la primera reunión en el Nuevo Testamento con el Cristo resucitado.

LAS REUNIONES EN RESURRECCION

Observe ahora lo que el Señor dijo a María: "Ve a Mis hermanos, y diles: Subo a Mi Padre y a vuestro Padre, a Mi Dios y a vuestro Dios" (20:17). El Señor no habló mucho con ella ni le dio un mensaje largo. No hubo absolutamente nada religioso en ese encuentro. Supongamos que nosotros fuésemos Jesús, probablemente diríamos: "María, inclinemos nuestra cabeza y oremos. Luego entonemos un himno y leamos el salmo 16, donde te mostraré cómo debía resucitar de entre los muertos". Después diríamos: "María, ahora que lo sabes todo, ve y dilo a Mis discípulos. Yo permaneceré contigo; oraré por ti; Dios sea contigo". Pero Jesús nunca hizo semejante cosa. El dijo una o dos frases, y eso fue todo. No hubo oración, cántico, lectura bíblica, mensaje ni promesa alguna de que la acompañaría. Eso fue todo lo que sucedió ese día temprano por la mañana.

Entonces, por la noche de aquel día, los discípulos estaban en una condición extremadamente confusa. Algunos, al igual que María, habían visto al Señor después de Su resurrección y dieron las nuevas a los otros. Otros vieron al Señor durante el día, camino a Emaús. Todos los discípulos se reunieron sin saber adónde ir ni qué esperar. De repente, el Señor Jesús se apareció allí. Todas las puertas estaban cerradas, pero Jesús se apareció inesperadamente. No había nada formal ni religioso, nada arreglado, nada programado. Simplemente Jesús llegó y se paró en medio de ellos, diciendo: "Paz a vosotros". No oraron, no cantaron, no leyeron la Biblia; El no dijo: "Dios les bendiga, Yo estoy con vosotros"; no hubo nada de eso. Sólo dijo: "Paz a vosotros". Después de decir esto, El hizo algo que a nuestra mente natural le parecería insensato: El sopló en ellos. Jesús sopló en ellos y les dijo: "Recibid el Espíritu Santo [el Aliento Santo, griego.]" (v. 22). Luego, después de soplar en ellos, les dijo que les confería autoridad para perdonar y retener los pecados de las personas. Eso fue todo. ¡No hubo nada más! ¿Qué es esto? Ciertamente, nada religioso. No hay ningún relato que diga que Jesús se fue. El evangelio narra solamente que Jesús llegó cuando las puertas estaban cerradas, pero no menciona su partida.

Más adelante, leemos que después de ocho días, los discípulos estaban otra vez reunidos, y que Jesús se puso en medio de ellos (v. 26). El Señor volvió a ellos numerosas veces. La Biblia narra Su venida, pero nunca menciona Su partida. ¡Esto es maravilloso! ¿Qué significa todo esto? En cierto sentido, hubo una reunión, pero nunca una despedida. Nadie dijo: "Quedamos despedidos". Sólo leemos algo acerca de la venida del Señor, pero no de Su partida. Creo que el Señor nos está revelando algo totalmente diferente de lo que el cristianismo actual enseña.

¿No cree usted que Juan capítulo veinte describe verdaderas reuniones en aquellas dos noches? Sin duda, los discípulos se reunieron con el Jesús resucitado. Pero allí no hubo oración, ni cantos o himnos; no se leyó la Biblia; no hubo un mensaje ni despedida. Sólo se narra la llegada de Jesús, pero no Su partida. Vemos el comienzo, mas no el final. ¡Aleluya!

MILAGROS EN EL MAR

Después del capítulo veinte, tenemos una "posdata", un apéndice, mostrándonos cuánto se parecían los discípulos a nosotros. Quizás ellos no tuvieron ninguna dificultad en seguir adelante durante un par de días, a pesar de la situación aparentemente insegura; pero no tenían la capacidad de continuar por más tiempo en esa situación. Cuando llegó el momento en que no tuvieron nada de comer, Pedro, el hermano que llevaba la delantera, no lo pudo soportar y dijo: "Hermanos, voy a pescar, voy a conseguir algo de comida". Todos los demás dijeron: "De acuerdo, si tú vas, nosotros también iremos". Así que, todos fueron a pescar y laboraron arduamente toda la noche. El tiempo adecuado para pescar es durante la noche; por tanto, fueron a pescar en el momento adecuado. Además, algunos de ellos eran pescadores profesionales, y para colmo, conocían perfectamente ese mar. Pedro, Jacobo y Juan se criaron allí. Conocían cada palmo del lago. Sin embargo, no pescaron nada en toda la noche. ¡Ese fue el milagro más grande! ¿Podrían creer ustedes que dichos pescadores profesionales, después de haber trabajado toda la noche en un mar que conocían perfectamente, no pescaron nada? ¿No cree usted que eso es un milagro? El Señor Jesús debe haberle ordenado a los peces: "¡Peces, apártense de ellos! Toda clase de peces, obedézcanme, permanezcan lejos de Mis discípulos hasta que Yo les mande regresar." Esto fue un verdadero milagro, totalmente contrario a la ley natural.

Cuando llegó la mañana, los discípulos deben haber estado muy desanimados. Si no pudieron pescar nada durante la noche, ¿cómo podrían pescar algo de día? No obstante, en medio de su desesperación llegó el Señor Jesús. El conocía el problema de ellos, ya que era un problema clásico de falta de comida. Así que, les preguntó: "Hijitos, ¿no tenéis algo de comer?" (v. 5). Respondieron: "No." Entonces el Señor les dijo: "Echad la red a la derecha de la barca, y hallaréis." En realidad El dijo: "Háganlo a Mi manera, conforme a Mi palabra". Y ellos lo hicieron así. Aunque no era el mejor momento para pescar, esta vez pescaron conforme a la palabra del Señor y recogieron una gran cantidad de peces, ciento cincuenta y tres. ¡Otro milagro! Al llegar a la orilla, Pedro vio que el Señor ya tenía peces allí. Con este hecho el Señor dio a entender a Pedro implícitamente: "No necesitas ir a pescar al mar; aun en la tierra Yo puedo prepararte pescado. Pedro y Juan, ¿necesitan pescado? ¿Por qué no me piden a Mí? Yo soy mucho mejor que el mar. Ustedes fueron al mar, sin Mí, y no consiguieron nada. Quédense en casa, simplemente pídanme, y tendrán todos los peces que necesiten".

El primer milagro fue que no pescaron nada durante toda la noche. A esto le siguió el segundo milagro: que por la mañana, ya de día, atraparon muchos peces. El tercer milagro fue que, sin haber tomado nada del mar, el Señor tenía pescado en tierra, pescado ya preparado; y no solamente había preparado el pescado, sino que también les dio pan. ¡Esto es maravilloso! Todo estaba ya listo. ¡Sólo vengan a comer!

Si unimos todos estos sucesos, veremos algo muy importante: lo que el Señor hizo y dijo a los discípulos, incluyendo a Pedro, describe claramente la vida de iglesia en la actualidad. La vida de iglesia debe desarrollarse totalmente fuera de la religión. La religión siempre tiene un programa, mucha organización y un sistema. Pero aquí no vemos nada de eso. Aquí sólo vemos a una persona viva que está siempre con nosotros. El siempre está presente: al aire libre o debajo de un techo, adentro o afuera, en casa o en la orilla del mar. No podemos deshacernos de El, pues siempre está con nosotros y sabe todo lo que necesitamos; estemos conscientes o no, Su presencia está con nosotros. Si necesitamos comida, El cuidará de ello. No tenemos que ir a pescar: El tiene los peces ya preparados. Simplemente debemos disfrutarlo. Como ya hemos visto, la religión usa el poder del dinero para solucionar los problemas; pero el Señor Jesús ejerce Su autoridad universal. Cada vez que se inicia una obra para el Señor, el concepto natural y religioso considera siempre los fondos disponibles. Esta es la razón por la cual Pedro fue a pescar, puesto que esa era la manera de obtener el dinero necesario para comer. El pensó que por lo menos necesitaba algo para comprar alimentos.

Estoy convencido de que muchos jóvenes anhelan servir al Señor de tiempo completo. Pero algunos no lo han hecho porque piensan que les sería difícil obtener el sustento diario. Permítanme decirles esto: cada vez que pensamos en cómo ganarnos el sustento, actuamos religiosamente. Con el Jesús viviente, con el Cristo resucitado, no existe ningún problema de subsistencia. Si necesitamos pescado, estará allí; incluso si no hay mar. Todo depende de la presencia del Señor. Si tenemos al Cristo resucitado con nosotros, podemos olvidarnos de los programas religiosos y de nuestro afán por obtener alimento. El Jesús viviente no se preocupa solamente por nuestras necesidades espirituales, sino también por nuestras necesidades físicas. El no es una religión muerta ni forma parte de la junta directiva estéril de una misión cristiana. El es el Cristo vivo. Todos los peces están bajo Su mando.

Los cuatro evangelios narran las tres lecciones que Pedro aprendió durante su vida de pescador. La primera se encuentra en Lucas 5:1-11, donde el Señor llamó a Pedro. En aquel momento, él pescó una multitud de peces al obedecer la palabra de Jesús. Tenemos la segunda lección en Mateo 17:24-27, donde el Señor pide a Pedro que vaya a pescar y saque una moneda de la boca de un pez para pagar el tributo. Ahora, en Juan 21, vemos el tercer caso. Estoy muy contento al ver que, después de esto, no leemos que Pedro volviera a pescar.

En términos generales, el tiempo en el que vivimos es en realidad la noche. Durante la cual debemos abstenernos de todo intento natural y de todo método religioso a fin de llevar a cabo la obra del Señor. No cuenten sus billetes ni consulten su cuenta bancaria. No consideren cuántos peces necesitan.

El verano pasado tuvimos una conferencia muy grande aquí en Los Angeles. Los hermanos responsables no sabían nada de presupuestos ni programas, y no calcularon lo que les iba a costar. Cuando terminó la conferencia les pregunté acerca de los costos. Habíamos gastado mucho, pero finalmente descubrimos que todas las necesidades fueron suplidas, y que además sobró algo. Alabado sea el Señor por tal lección. Como pueden ver, esto testifica del Jesús vivo y no de una religión muerta. Esto es Cristo, y no algo planeado de manera religiosa.

Indudablemente todo lo que se narra en Juan 21 tiene un propósito. En cierto sentido, el capítulo veintiuno no puede compararse con los capítulos del catorce al diecisiete. Pero en otro sentido, este es un capítulo muy valioso y significativo. Agradezco al Señor por ello. No les puedo ni decir cuánto me gusta el capítulo veintiuno de Juan. Este capítulo es muy práctico, y no presenta nada religioso.

AMAR, ALIMENTAR, SEGUIR

Después de haber comido con los discípulos lo que había preparado, el Señor dijo a Pedro: "Simón, hijo de Jonás, ¿me amas más que éstos?" (v. 15). En realidad, el Señor estaba diciendo a Pedro: "Hace unos días, tú dijiste que aun cuando los demás me negaran, tú no lo harías. Pero lo hiciste, y lo hiciste tres veces; por lo tanto, Yo también tengo que preguntarte tres veces: ¿me amas más que todos los demás?" Pedro contestó: "Sí, Señor Tú sabes que te amo". Lo que Pedro probablemente quiso decir era: "Señor, no sé si te amo o no, Tú sabes. Aun si lo supiera con certeza no me atrevería a decirlo. Hace pocos días dije que nunca te negaría, pero poco después lo hice. No importa lo que yo diga, sino lo que Tú sabes. Señor, Tú sabes que te amo". Pedro no sabía cómo contestar. Pero éste no es el punto. ¡Escuche! El Señor Jesús dijo a Pedro: "Apacienta Mis corderos". La segunda vez, el Señor le dijo: "Pastorea Mis ovejas". Y la tercera vez le dijo: "Apacienta mis ovejas". El Señor no le pidió que enseñara o instruyera, ni siquiera que edificara, sino únicamente que alimentara. Nuestro amor por el Señor debe producir éste resultado, el de alimentar a Sus corderos. Finalmente, el Señor Jesús dijo a Pedro: "¡Sígueme!" (vs. 19, 22).

Quisiera decirles especialmente a los hermanos y hermanas jóvenes: ¡amen al Señor Jesús, alimenten a Sus corderos y síganle a El! Eso es suficiente. No se requiere nada más. El verdadero servicio al Señor consiste en amarlo, en alimentar a Sus corderos y en seguirlo. ¿Dónde está El? El está en nuestro espíritu. Debemos seguirle en nuestro espíritu. Debemos ejercitar nuestro corazón y amarlo: amar es un asunto del corazón (Mr. 12:30). Sin embargo, seguir al Señor es un asunto del espíritu, porque el Señor está ahora en nuestro espíritu (1 Co. 6:17). Debemos amarlo con nuestro corazón y seguirlo al ejercitar nuestro espíritu; entonces seremos nutridos por El, y con la misma nutrición que recibimos, podremos nutrir a Sus corderos. Esto no tiene nada que ver con la religión. No piense que tiene que conocer toda la Biblia, ir al seminario o al instituto bíblico, y recibir una gran educación religiosa. No necesita eso. Lo que necesita es el primer amor, el mejor y verdadero amor por el Señor Jesús. El Señor le preguntó a Pedro: "¿Me amas más que éstos?" Debemos contestar: "Sí, Señor; Tú sabes que te amo". El servicio al Señor en la dispensación neotestamentaria no es un asunto de conocimiento ni de educación, sino un asunto de amar al Señor. La degradación de la iglesia se inició por la pérdida de este amor: "Pero tengo contra ti que has dejado tu primer amor" (Ap. 2:4). Mientras tenemos el primer, el mejor y el verdadero amor por el Señor, estamos salvaguardados. Entonces debemos seguir al que está en nuestro espíritu. Lo amamos con todo nuestro corazón, y lo seguimos con nuestro espíritu; entonces lo que tenemos que hacer es alimentar a Sus corderos y a Sus ovejas. ¡Alabado sea el Señor!

Ahora entienden dónde debemos estar y permanecer. Tenemos al Señor Jesús, quien resucitó, vive y se reúne continuamente con nosotros por todas partes, en todo momento, sin ningún programa ni horario. El lo es todo para nosotros. Lo que debemos hacer es amarlo con todo nuestro corazón y seguirlo con nuestro espíritu. Al hacer esto obtendremos el alimento que nutre a los demás.

COMISIONADOS EN UN MONTE

Al final de los Evangelios de Mateo y de Juan, descubrimos un hecho bastante significativo. En el último capítulo de Mateo, Jesús se reunió con Sus discípulos en un monte, en el lugar que El había designado. En la Biblia, los montes siempre representan algo elevado sobre la tierra, una esfera de autoridad para el reino de Dios. Esta es la razón por la que el Señor Jesús, en el monte que había designado, dijo a Sus discípulos que toda autoridad en los cielos y en la tierra le había sido dada. Al hacer esto, El les confirió Su autoridad y les dijo: "Por tanto, id". "Por tanto" significa que El nos ha conferido la misma autoridad que le fue dada a El, y con esta autoridad debemos ir y hacer discípulos a las naciones. Esto no se refiere simplemente a la predicación del evangelio, sino al ejercicio y ejecución de la autoridad otorgada al Señor Jesús en la tierra y en el cielo. No se trata de la propagación de un evangelio elemental, que salva a las personas del infierno y las conduce al cielo, sino de hacer discípulos a las naciones, bautizándolas en el nombre del Dios Triuno. A menudo, cuando nos referimos a ciertas personas decimos: "Son cristianos de nombre, pero no tienen la realidad". En nuestro concepto humano separamos el nombre de la realidad. No obstante, en la Biblia, el nombre denota la realidad misma. Bautizar a las personas en el nombre del Padre, y del Hijo y del Espíritu Santo, significa bautizarlas en la realidad del Dios Triuno. Esta es nuestra comisión. Debemos hacer discípulos a "las naciones" (los gentiles), e introducirlas en la realidad del Dios todo-inclusivo. Esto finalmente da como resultado el reino de los cielos; en dicho reino nosotros, al funcionar como sacerdotes, debemos enseñar a estas naciones a observar todas las cosas que El nos ha mandado, es decir, enseñarles a ser ciudadanos del reino celestial. En cuanto a esto, el Señor Jesús dijo que El estaría con nosotros todos los días hasta la consumación de este siglo, ya que el reino de los cielos está entre nosotros.

Actualmente, el Cristo resucitado desea comisionarnos con Su autoridad, a fin de que llevemos la responsabilidad de hacer discípulos a los paganos, y los introduzcamos en la realidad del Dios Triuno. De esta forma se establece el reino de los cielos en la tierra. Y así tenemos la seguridad de que Jesús, el Dios-hombre, el Redentor resucitado, el Cristo todo-inclusivo, está siempre con nosotros.

Puede ver cuán lejos está todo esto de la religión. ¿Tiene la certeza de que este Cristo está con usted hoy mismo? Si es así, debe estar animado y decidido a cumplir con Su comisión. Debemos exultarnos con este hecho, al grado de salir a la calle y asir a la gente, diciéndoles: "Amigos, deben darse cuenta de que Jesús, el Cristo resucitado, está conmigo, y de que El posee toda autoridad tanto en los cielos como en la tierra". ¿Se ha exultado a este grado alguna vez? Temo que seamos demasiado religiosos y callados. Si en verdad usted tiene a Cristo consigo, ¿cómo puede estar tan silencioso?

En Mateo capítulo veintiocho los discípulos precedieron al Señor al monte. "Y los once discípulos se fueron a Galilea, al monte donde Jesús les había indicado" (v. 16). Fueron a dicho monte, y finalmente el Señor llegó. El Señor Jesús no se anticipó y los esperó, sino que ellos llegaron primero a dicho monte y lo esperaron a El. En aquella ocasión, ellos estaban en un nivel elevado.

Pero después de Mateo 28 llegamos a Juan 21. El nivel alto de ellos no duró mucho, pues pronto descendieron del monte. Debo confesar que me gusta más Juan 21 que Mateo 28, porque mi experiencia me ha enseñado que no siempre estoy en un nivel tan elevado. A menudo no estoy en Mateo 28, sino en Juan 21. En Mateo 28 tenemos el monte, mientras que en Juan 21 estamos a la orilla del mar. ¿En qué nivel se encuentra usted en su experiencia actual, en el monte o a la orilla del mar? Si es honesto, tendrá que admitir que se encuentra a la orilla del mar. La orilla del mar en Juan capítulo 21 no era un lugar muy bueno; no era el lugar designado por el Señor. El Señor designó el monte, no la orilla del mar. El mar era el lugar al cual los discípulos se desviaron. Pedro tomó la delantera de ir al mar, y todos los demás fueron tras él; ésta fue su propia decisión.

En Juan 21 la pesca no tiene un significado positivo, sino negativo. Si usted ha venido a este país o va a otro lugar con el único fin de ganarse la vida, esto es semejante a la pesca de Juan 21. Usted no se preocupa por la comisión del Señor, sólo le interesa su propia subsistencia. En Mateo 28 el Señor le dio a usted una comisión, pero usted no pudo soportar la prueba, así que abandonó la comisión de El para ocuparse de su subsistencia personal. Usted ha dicho como Pedro: "Voy a pescar".

La preocupación de la gente por ganarse la vida proviene de la ley natural. Dios creó al hombre, y éste lucha por vivir; por tanto, Dios ha preparado las cosas necesarias para que el hombre subsista. Trabajar para sobrevivir es correcto, pero como hijos de Dios y discípulos de Jesús, quienes hemos sido comisionados con Su autoridad, no deberíamos estar aquí sólo para asegurarnos de nuestra subsistencia. ¿No cree? Más bien, debemos estar aquí para llevar a cabo la comisión que el Señor nos dio en Mateo 28. No estamos aquí sólo para pescar, sino para edificar la iglesia.

Ya hemos visto cómo los discípulos pescaron durante toda la noche sin obtener ningún resultado. Luego, en la madrugada, el Señor Jesús estaba allí. Esto es muy interesante. En el relato de Mateo, en la cima del monte, los discípulos esperaron al Señor, pero aquí, a la orilla del mar, El los estaba esperando a ellos. Estoy convencido de que El Señor ya estaba en el mar cuando Pedro y los demás fueron allí. El siempre estaba con ellos: en todo lugar y en todo momento, en una casa o al aire libre, en la cima de un monte o a la orilla del mar. Cuando ellos echaron la red, El estaba allí. De hecho, El estaba dirigiendo todo para que no pescaran nada. Este asunto no dependía de ellos, sino de Jesús. Luego, El se manifestó a ellos y les mostró que ya había preparado la comida y que ésta ya estaba guisada.

Si nuestra consagración a la comisión del Señor es genuina, El se ocupará de nuestras necesidades cotidianas. Tal vez no tengamos trabajo, pero no nos faltará el pan. En la actualidad, la gente se preocupa demasiado por el desempleo, pero nosotros debemos olvidarnos de ello. Este asunto no tiene nada que ver con nosotros, pues no estamos aquí para obtener nuestra subsistencia. Por más peces que obtengamos, no dependemos del mar, sino del Cristo vivo: El tiene todos los peces en Su mano. Los incrédulos no tienen a Cristo, así que dependen del mar; pero nosotros no somos así. Si usted es mundano, debe preocuparse por su subsistencia y confiar en su empleo. Pero si usted es uno de los discípulos comisionados por el Señor Jesús, olvídese de su subsistencia. Sea honesto y fiel a la comisión de El, y se ahorrará incluso la tarea de cocinar. El Señor le dirá: "Ven y come". No se preocupe por la comida; El se encargará de eso.

COMISIONADOS A LA ORILLA DEL MAR

Hemos visto cómo el Señor llamó a Pedro y le preguntó tres veces acerca de su amor. En realidad, el Señor estaba diciendo: "Vas a pescar más que los otros, ¿me amas más que los otros?" Luego, El le dio a entender algo: "Así como te he alimentado aquí con pescado y pan, también tú debes alimentar a Mis corderos y a Mis ovejas. No estás en esta tierra para pescar; más bien, tu comisión consiste en pastorear". Mateo precede a Juan. Esta secuencia es absolutamente correcta. Necesitamos el capítulo veintiocho de Mateo, y también el capítulo veintiuno de Juan. El capítulo veintiuno de Juan es un pasaje suplementario, que complementa la comisión del Señor. El Señor nos comisionó no solamente para discipular a las naciones, bautizar a las personas en la realidad del Dios Triuno y establecer el reino de los cielos en la tierra, sino también para pastorear a Su rebaño. Debemos alimentar a los corderos y a las ovejas. El Señor dice: "Cuida de Mi rebaño, y Yo me encargaré de tu subsistencia. Deja este asunto en Mis manos. Te necesito para que pastorees Mi rebaño".

Tengo la carga de compartirles que la comisión que el Señor Jesús nos ha encomendado no tiene nada que ver con la religión. En la actualidad existe una gran cantidad de incrédulos, incluso en los Estados Unidos. Lo que ellos necesitan no es una religión, sino que un grupo de personas estén conscientes de la comisión que el Señor les ha dado, y la lleven a cabo. Por favor, no lean el capítulo veintiocho de Mateo como un relato histórico. Esto no es una historia, sino una comisión. Todos debemos responder al encargo del Señor de hacer discípulos a los gentiles e introducirlos en el Dios Triuno, estableciendo el reino de los cielos en la tierra. Sin embargo, necesitamos también el capítulo veintiuno de Juan. Sin Juan 21, Mateo 28 no funciona. Después de hacer discípulos, de bautizarlos en la realidad del Dios Triuno y de establecer el reino, aún necesitamos alimentar y pastorear el rebaño del Señor. Siento una carga muy pesada por la gran cantidad de jóvenes y nuevos creyentes que hay entre nosotros. ¿Quién va a alimentarlos? ¿Debemos contratar a graduados del seminario? ¿Los van a cuidar los hermanos que llevan la delantera en la iglesia? ¡No! Toda la iglesia debe pastorearlos. Todos hemos recibido esta comisión. Por una parte, debemos hacer discípulos a las naciones y convertirlos en ciudadanos del reino de los cielos en la tierra. Pero por otra, debemos cuidarlos como corderos, como los más pequeños y débiles del reino, quienes necesitan ser nutridos. Nosotros tenemos el deber de alimentarlos. No es responsabilidad exclusiva de los que llevan la delantera, sino de cada miembro de la iglesia. Todos debemos tomar esta tarea. Estoy muy contento por el aumento que se está registrando en las iglesias, pero a la vez me preocupa mucho este fruto. Si no alimentamos y nutrimos a los nuevos creyentes adecuadamente, el aumento se volverá una pesada carga para la iglesia. En lugar de elevar el nivel espiritual, la vida de iglesia se degradará. Existe una urgente necesidad de responder a la exhortación no sólo de Mateo 28, sino también de Juan 21: no sólo tenemos que hacer discípulos a las naciones, sino también debemos alimentar a los pequeños corderos, a los más jóvenes.

Para hacer discípulos requerimos de la autoridad, pero para alimentar a las ovejas necesitamos amar al Señor. En Mateo 28, el tono del Señor era de autoridad al exhortar a los discípulos. No obstante, en Juan 21, Su tono cambió: "Simón, hijo de Jonás, ¿me amas más que éstos?" Si es así: "Apacienta Mis corderos". No ejerzas tu autoridad sobre ellos, pues si lo haces, los asustarás. Debes amarlos, no con tu amor, sino con el mismo amor con el que amas al Señor Jesús. ¿Por qué debemos alimentar a los jóvenes y cuidar de los débiles? Simplemente porque amamos al Señor Jesús. Si en verdad lo amamos, lo que debemos hacer es alimentar a otros. Al hacer esto, lo estaremos siguiendo a El. Debemos seguirlo, no de manera religiosa, sino alimentando a Sus corderos hasta que El vuelva.

Mateo dice: Recibe la exhortación y la comisión para hacer discípulos a las naciones hasta la consumación del presente siglo. Y Juan dice: Ama al Señor, alimenta a Sus corderos y síguelo hasta que regrese. Eso está muy bien. Pero, ¿en qué forma podemos demostrar nuestro amor por el Señor Jesús? Al alimentar a Sus corderos y pastorear a Sus ovejas. Esta es la manera apropiada de seguirle a El.

Recordamos que Pedro, al ver a Juan, dijo al Señor: "¿Y qué de éste?" El Señor le contestó: "Olvídate de él. Ese es asunto Mío. Sígueme tú". No nos preocupemos por lo que hacen los demás; nosotros debemos relacionarnos de una manera personal y directa con el Señor.

El Señor se reunió con Sus discípulos en la cima del monte y a la orilla del mar: en el lugar que El designó, y en el lugar adonde ellos se desviaron. En ambos pasajes, El se reunió con ellos para cumplir Su propósito, y en ambos lugares ellos disfrutaron plenamente de Su presencia. En la cima del monte, El les confirió Su autoridad, lo cual iba más allá de lo que ellos podían entender. Y a la orilla del mar, El suplió todas las necesidades de ellos, aun más allá de lo que esperaban. En la cima del monte, les dio la comisión de hacer discípulos a las naciones y de bautizarlas en el Dios Triuno. Pero a la orilla del mar, El motivó a Pedro a que lo amara, lo exhortó a que alimentara a Sus corderos y a Sus ovejas, y le pidió que le siguiera hasta el fin de su vida. En todas estas acciones no podemos ver nada religioso en el Cristo resucitado. En Su resurrección el Señor nos confiere Su autoridad, nos da la comisión de introducir a las personas en Dios y nos pide que lo amemos hasta el grado de tomar la carga de alimentar a Su rebaño, y seguirle hasta el fin de nuestra existencia. Esto es todo lo que tenemos que hacer ahora en Su recobro: recibir Su autoridad, hacer discípulos a las naciones bautizándolas o introduciéndolas en Dios, amar al Señor más que a otros, alimentar a Sus corderos y a Sus ovejas, y seguirlo a cualquier precio, incluso a costa de nuestra propia vida, sin que nos importe lo que hagan los demás. Esto es experimentar al Cristo resucitado, y ministrarlo a otros. Esta experiencia depende totalmente de Cristo y no es un asunto religioso en absoluto.

CAPITULO DIEZ

EN EL LIBRO DE HECHOS, CRISTO ES CONTRARIO A LA RELIGION

Lectura bíblica: Hch. 4:1-3, 5-7, 13, 18-21; 5:17-29, 33, 40-41; 6:9-13; 7:54-59; 8:1-3; 9:1-5; 10:9-16; 11:1-3, 12, 19; 15:1-2, 28-29; 21:17-28

CRISTO ES UNO CON LOS SANTOS

Debemos darnos cuenta de que, en el libro de Hechos, Cristo vivía en Sus creyentes. Cristo no sólo estaba presente en los cuatro evangelios, sino también en el libro de Hechos. En los evangelios vemos a Cristo en Su propio cuerpo físico, el cual María le dio al nacer; pero en el libro de Hechos podemos ver a Cristo en un Cuerpo agrandado, esto es, un Cuerpo místico que el Espíritu Santo le dio. El primer capítulo de Hechos narra la forma en que Cristo ascendió a los cielos en presencia de Sus seguidores. Luego, el capítulo siguiente describe el modo en que este Cristo descendió sobre Sus seguidores. Desde aquel día, el día de Pentecostés, Cristo se fusionó con Sus creyentes, es decir, se hizo uno con Sus santos. Desde ese día, El no sólo estaba en ellos, sino también permaneció sobre ellos; El los llenó por dentro y además los revistió por fuera. Llegó a ser uno con Sus discípulos de forma plena y absoluta, hasta el grado que ellos llegaron a ser el mismo Jesucristo.

Recordemos las palabras que oyó el perseguidor, Saulo de Tarso, cuando fue derribado al suelo camino a Damasco. El Señor Jesús le dijo: "Saulo, Saulo, ¿por qué Me persigues?" (Hch. 9:4). Entonces Saulo contestó: "¿Quién eres, Señor?" Y parecía que Saulo dijera: "Jamás he perseguido a una persona en los cielos; todos los que he perseguido están en la tierra. Perseguí a Juan, a Pedro y a Esteban; ahora estoy en camino para perseguir a otros más en la ciudad de Damasco. ¿Quién eres Tú?" El Señor contestó: "Yo Soy Jesús, a quien tú persigues". En realidad el Señor le estaba diciendo: "Debes comprender que Pedro, Juan, Esteban y todos Mis creyentes son Yo mismo; cuando los persigues a ellos, me persigues a Mí. Yo Soy uno con ellos, y ellos son uno conmigo".

Por consiguiente, en el libro de Hechos, vemos que Cristo siguió viviendo en la tierra con Sus discípulos y en ellos. Tenemos que entender que todos y cada uno de los sufrimientos, viajes y discursos de estos discípulos, fueron efectuados y experimentados por Jesús mismo. El propio Jesús vivía, se movía, trabajaba y actuaba por medio de Sus discípulos.

CRISTO, EL OBJETIVO DE LOS ATAQUES DE LA RELIGION

En el libro de Hechos, la religión continuó oponiéndose a Cristo. La batalla entre la religión y Cristo se volvió aún más intensa en el libro de Hechos que en los evangelios. Los discípulos de Jesús siguieron testificando de Su Señor, haciendo caso omiso a la oposición religiosa. Esto ofendió mucho a los religiosos y a sus líderes; así que estos ejercieron su autoridad religiosa para arrestar y encarcelaron a los discípulos del Señor. En cierto sentido, los líderes religiosos se oponían a todos los seguidores de Jesús, pero el objetivo principal de sus ataques no eran los seguidores, sino Jesús mismo. El problema principal de los religiosos no eran los seguidores galileos de Jesús, sino Jesús mismo. Por consiguiente, les prohibieron a los discípulos hablar o enseñar en el nombre de Jesús. Como podremos ver, a ellos no les preocupaba el hecho de que los discípulos enseñaran o predicaran, siempre y cuando no lo hicieran en el nombre de Jesús. Realmente no se oponían a esos galileos; más bien, estaban en contra del propio Jesús. No aborrecían a Sus seguidores, sino al propio Señor Jesús. Por supuesto, los discípulos no obedecieron la prohibición dada por los religiosos, pues dentro de ellos llevaban algo más viviente y poderoso que las palabras de dichos líderes. De modo que, continuaron predicando y alabando a Su Cristo sin temor alguno, por lo cual fueron arrestados y encarcelados rápidamente.

Sin embargo, esto no los detuvo, ya que "un ángel del Señor abrió de noche las puertas de la cárcel y conduciéndolos afuera, dijo: Id, y puestos en pie en el templo, hablad al pueblo todas las palabras de esta vida" (5:19-20). ¿Qué vida? La vida que no puede ser retenida, la vida que incluso la cárcel no puede aprisionar. El ángel los envió a que hablaran las palabras de esta vida. Así que, fueron de madrugada al templo y hablaron. En tanto, los líderes enviaron a los alguaciles para que interrogaran a los discípulos en la cárcel, y los alguaciles volvieron diciendo: "La cárcel hemos hallado cerrada con gran seguridad, y los guardas afuera de pie ante las puertas; mas cuando abrimos, a nadie hallamos dentro" (v. 23). Cuando los principales sacerdotes oyeron esto, "quedaron perplejos en cuanto a ellos, preguntándose en qué vendría a parar aquello" (v. 24). Finalmente, encontraron a todos los prisioneros hablando en el templo con denuedo en el nombre de Jesús. Es probable que se hayan dicho: "¿Qué haremos? No podemos hacer nada con esta gente", dando a entender que eran incapaces de frenar esta vida. Los galileos no eran personas extraordinarias, pero dentro de ellos había una vida incontenible. Era la vida la que causaba tantos problemas, y no aquellos pescadores galileos.

Posteriormente, en el capítulo seis, varios grupos discutieron con Esteban. ¿Ha considerado qué clase de personas eran ellas? Venían de las diferentes sinagogas, de distintos grupos religiosos. Todos ellos se juntaron para confrontar a Esteban y aparentemente obtuvieron la victoria, pues finalmente lo apedrearon hasta darle muerte. Pero interiormente ellos perdieron la batalla. Debemos estar conscientes de que Esteban no estaba solo. Mientras ellos lo apedreaban, él estaba conectado con los cielos. En aquel momento, "los cielos se abrieron", y Esteban vio "al Hijo del Hombre de pie a la diestra de Dios". Esto significa que Jesús era uno con Esteban, y que Esteban era uno con Jesús; los cielos y la tierra, la tierra y los cielos se unieron en ese momento. Aquellos religiosos no perseguían a Esteban, sino a Jesús. No apedreaban a Esteban, sino al propio Jesús, quien había ascendido a los cielos. Este no es un asunto insignificante.

SAULO, UN CABALLO EN EL CARRUAJE DE JESUS

Saulo de Tarso no sólo presenció el martirio de Esteban, sino que estuvo de acuerdo con ello. Saulo se había dedicado por completo a erradicar a Jesús. Estaba convencido que lapidar a Esteban constituía una gran victoria, y que después de ello, podría llevar más lejos la persecución contra los seguidores de Jesús. Por tanto, fue a ver al principal sacerdote, con el fin de pedirle autoridad para capturar y encarcelar a todos los que en Damasco invocaban este nombre. Todos conocemos la historia: cuando Pablo iba por el camino, Jesús mismo le habló desde los cielos; aquel a quien Esteban vio mientras era apedreado hasta la muerte, aquel que era uno con Esteban, ahora venía al encuentro de este perseguidor. Una luz resplandeció de los cielos, la cual derribó a tierra a Saulo, y oyó una voz que le decía: "Saulo, Saulo, ¿por qué me persigues?" El Señor Jesús le habló con cortesía. ¿Había notado usted esto? La voz dijo: "Yo soy Jesús, a quien tú persigues; dura cosa te es dar coces contra los aguijones". Las palabras del Señor fueron muy significativas. Antiguamente se ponían aguijones en los carruajes con el fin de controlar a los caballos. En ocasiones los caballos daban coces y se rebelaban contra el carro y su conductor. Cuando hacían esto, eran pinchados por los aguijones y así aprendían la lección. Para el Señor Jesús, lo que Saulo estaba haciendo era dar coces contra los aguijones. Lo que en realidad el Señor estaba diciendo a Saulo, era: "Saulo, por mucho que me persigas, seguirás bajo Mi dominio. Soy Yo quien tiene dominio sobre ti, no tú sobre Mí. Tú eres un caballo atado a Mi carruaje, y no haz sido un caballo dócil. Deja de dar coces contra los aguijones; así nunca lograrás nada. Como puedes ver, has sido derribado al suelo". En ese momento, los ojos interiores de Saulo empezaron a abrirse. Es probable que él haya pensado: "¡Oh, no debí haber perseguido a Jesús, pues ahora veo que El no es tan pequeño; más bien, es muy grande, tanto en los cielos como en la tierra. Me encuentro bajo el dominio del mismo Jesús a quien he perseguido. Ahora me doy cuenta que no soy más que un pequeño caballo, y que El me está montando". Este aguerrido perseguidor fue sometido maravillosamente. Finalmente, el Señor Jesús ganó la victoria sobre los escribas, los saduceos, los fariseos, los principales sacerdotes, y aun sobre este terrible perseguidor. El Señor Jesús ganó la victoria sobre todos los religiosos.

PEDRO EL RELIGIOSO

Cuando llegamos al capítulo diez vemos que el Señor Jesús tuvo un problema, no con los sacerdotes ni con los fariseos, ni siquiera con los perseguidores, sino con Pedro. Hasta aquí Pedro seguía siendo en cierta medida religioso. En los capítulos dos, tres, cuatro y cinco de Hechos, Pedro aparece como una persona maravillosa y celestial, totalmente fuera de la religión y absolutamente en el espíritu, pero cuando llegamos al capítulo diez, vemos a otro Pedro, a un Pedro completamente religioso. El subió al techo de una casa para orar según su horario. Eso no era malo. No critico a nadie por orar con un horario habitual; a veces necesitamos hacer eso. Pero, ¿se da cuenta de que en aquel tiempo, Pedro aún era religioso? Aunque el no estaba consciente de ello. En este pasaje vemos que, en lo que podríamos llamar un trance, Pedro vio descender algo del cielo; tal visión era diametralmente opuesta a sus conceptos religiosos. Por supuesto, no puedo decir lo que Pedro oraba mientras tuvo esta visión inesperada. No obstante, puede ser que haya estado orando por la conversión de todos los judíos, por la salvación de todos sus compatriotas. Quizás le haya pedido al Señor que mandara un gran avivamiento sobre la nación judía. Pero mientras él guardaba la hora de oración, de pronto vio descender del cielo un lienzo, en el cual "había de todos los cuadrúpedos y reptiles de la tierra y aves del cielo" (v. 12). Entonces escuchó la palabra del Señor: "Levántate, Pedro, mata y come" (v. 13). Esto estremeció a Pedro. Lo que él oyó se oponía diametralmente a la ley y a la Escritura contenida en el capítulo once de Levítico. A los hijos de Israel únicamente se les permitía comer animales limpios, pero no animales inmundos. Sin embargo, aquí había toda clase de criaturas vivientes, y el Señor le pidió que las comiera. Al leer detenidamente el contexto de estos versículos, vemos que probablemente todas las criaturas contenidas en el gran lienzo eran inmundas. De cualquier manera, el lienzo estaba lleno de cosas inmundas. El Señor le dijo “mata y come”, pero Pedro contestó: “Señor, de ninguna manera; porque ninguna cosa profana o inmunda he comido jamás”. En otras palabras, Pedro estaba diciendo: “Esto va en contra de mis prácticas”. El no usó la palabra “religión”, pero ciertamente la religión estaba implícita.

Estamos conscientes de que debemos desechar la religión, pero ¿se han dado cuenta de que no resulta tan fácil deshacerse de ella? ¿Podrían imaginarse que una persona como Pedro, a estas alturas, siguiera conservando algo de religión? Miren a Pedro en los primeros capítulos de Hechos, y obsérvenlo ahora en el capítulo diez. Parece otra persona: alguien que se preocupa mucho por la religión, pero descuida al Espíritu. Pedro obligó al Señor a hablar tres veces con él, y aun así no entendía. Finalmente, cuando los gentiles enviados por Cornelio llegaron en busca de Pedro, el Espíritu dentro de él le indicó que los acompañara.

PEDRO APRENDE LA LECCION

Esta vez Pedro recordó muy bien la lección que con dificultad aprendió en Mateo 17. Cuando el Señor Jesús fue al monte de la transfiguración con Pedro, Jacobo y Juan, recordarán cómo Pedro no consultó ni tomó en cuenta a los demás. No obstante, esta vez Pedro sí lo hizo. Cuando llegaron los hombres enviados por Cornelio, y después de que el Espíritu le indicó que los acompañara, él tomó a seis hermanos. En el monte de la transfiguración había solamente dos hermanos con él, Jacobo y Juan; pero esta vez él tomó a seis hermanos para que le acompañaran. Siete hermanos visitaron como un solo hombre a Cornelio. Finalmente Pedro había aprendido la lección: no quedaba ningún rastro de individualismo en él. Pedro fue muy cuidadoso; ya no actuaba independientemente. En este asunto Pedro estaba equivocado desde el punto de vista religioso, pero tenía toda la razón en el plano espiritual. El Señor nunca le dijo que tomara a seis hermanos con él; nunca le pidió eso. No obstante, Pedro actuó con prudencia, puesto que estaba consciente de que sería criticado por sus hermanos judíos por haber ido a los gentiles. Por lo tanto, tomó consigo a esos hermanos, no solamente como sus testigos, sino también como su protección. Eso estuvo bien. Pedro tomó sobre sí mismo la responsabilidad de este caso. En ocasiones debemos hacer algo que el Señor no nos pidió. A veces el hacer algo que el Señor no nos ha pedido le agrada más que simplemente hacer lo que nos ha mandado.

Así que, fueron a la casa de Cornelio; usted ya conoce la historia. Mientras Pedro les estaba hablando, el Espíritu Santo cayó sobre los gentiles exactamente como había caído sobre los creyentes judíos el día de Pentecostés. Todos los hermanos que acompañaron a Pedro fueron testigos de ese hecho. Cuando volvieron a Jerusalén, pasó lo que Pedro había sospechado, ya que todos sus hermanos judíos le preguntaron: "¿Por qué?" Le dijeron: "Pedro, fuiste a una casa gentil; tuviste comunión con gentiles. ¿Por qué?" ¿Qué significan éstas preguntas? ¡Esto es la religión! El no comer nada inmundo era una práctica religiosa, y el hecho de no tener contacto con los impuros gentiles era también algo religioso. La religión seguía presente en ellos de una manera muy prevaleciente. Pero Pedro tenía la visión y permaneció firme, así que les relató lo que había sucedido desde el principio hasta el final. El les dijo: "No fui el único en ver que el Espíritu Santo vino sobre los gentiles. Estos seis hermanos estaban conmigo, y ellos también lo vieron". Sabemos que dos es el número del testimonio, pero ahora Pedro tenía tres veces dos. El aprendió bien la lección en Mateo 17, a tal grado que nunca la olvidó. El Señor fue al monte de la transfiguración solamente con dos hermanos, además de Pedro, pero ahora Pedro tomó tres veces más hermanos con él para visitar a Cornelio. ¡Alabado sea el Señor! Pedro realmente había aprendido la lección. Por lo tanto, en el capítulo once, él pudo hablar con tanto poder, diciendo: "No me critiquen, si estoy equivocado, los seis hermanos también lo están. Ellos estuvieron conmigo, ¿qué pueden decir a esto?" Siete es el número completo. Siete hermanos se pararon firmes en contra de la religión. ¡Qué bueno es esto!

Mi argumento es éste: la religión está en nuestra propia sangre. Pedro estaba fuera de la religión, pero la religión seguía presente en él así como también en muchos creyentes judíos. Habían visto que el Señor Jesús vivía y actuaba totalmente fuera de la religión, pero aún quedaba en ellos algo religioso. Me preocupa el hecho de que entre nosotros, muchos aún mantienen algo religioso dentro de ellos, a pesar de haber visto claramente la naturaleza maligna de la religión. Llegará el tiempo en que ustedes mismos serán probados por el Señor, como Pedro lo fue, y dirán: "Señor, no; nunca he hecho cosa semejante en toda mi vida cristiana".

EL CONCILIO EN JERUSALEN ACERCA DE LA RELIGION

Después de los capítulos diez y once llegamos al capítulo quince, donde leemos que ciertos hombres descendieron a Antioquía desde Jerusalén diciendo a la gente: "Si no os circuncidáis conforme a la costumbre de Moisés, no podéis ser salvos" (v. 1). Escuche lo que dice la religión. ¡Cuán religiosas fueron estas palabras! No obstante, los que hablaban eran creyentes. En tan corto tiempo después de los primeros cinco capítulos de Hechos, vemos a tantos creyentes judíos volver a la religión. Esto creó una gran conmoción entre las iglesias en el mundo gentil; por lo tanto, los ancianos decidieron enviar a Pablo y a Bernabé para que solucionaran este asunto en Jerusalén. Por la misericordia del Señor, en el concilio de Jerusalén se decidió no continuar con esta enseñanza. ¡Alabamos al Señor por ello!

Es muy difícil abandonar nuestro trasfondo religioso. Actualmente sucede lo mismo: ciertamente tenemos un trasfondo religioso, pues la mayoría de nosotros salimos de la religión. El problema consiste en que salimos de la religión, pero ella no ha salido de nosotros. Hemos dicho a la religión: "Me divorcio de ti", pero la religión nos dice: "No te dejaré jamás". Hermanos y hermanas, no lean este capítulo para aplicarlo a los demás; más bien, léanlo y aplíquenlo a sí mismos. Es fácil salir de la religión, pero no es tan fácil sacar la religión de nosotros.

EL PROBLEMA DE PABLO CON LA RELIGION

Sabemos que el apóstol Pablo escribió las Epístolas a los Gálatas y a los Romanos; en ellas habló duramente en contra de la antigua religión. ¿Puede usted creer que, después de escribir estas dos epístolas, Pablo cumplió en Jerusalén un ritual del templo judío? Pues así sucedió. Vemos esto en el capítulo veintiuno de Hechos. Lo persuadieron los propios ancianos de la iglesia. Volvamos a leer este pasaje; es sorprendente.

"Cuando llegamos a Jerusalén, los hermanos nos recibieron con gozo. Y al día siguiente Pablo entró con nosotros a ver a Jacobo, y se hallaban reunidos todos los ancianos. Y después de saludarlos, les contó una por una las cosas que Dios había hecho entre los gentiles por medio de su ministerio. Cuando ellos lo oyeron, glorificaron a Dios."

¡Eso está muy bien! ¡Aleluya! Pero no era tan sencillo.

"Y le dijeron: Ya ves, hermano, cuántos millares de judíos hay que han creído; y todos son celosos por la ley. Pero se les ha informado en cuanto a ti, que enseñas a todos los judíos que están entre los gentiles a apostatar de Moisés, diciéndoles que no circunciden a sus hijos, ni anden según las costumbres".

Todo eso era cierto. Pablo había hecho esto. Lean la Epístola a los Gálatas, lean la Epístola a los Romanos; Pablo ciertamente hizo todo eso.

"¿Qué hay, pues? Ciertamente oirán que has venido. Haz, pues, esto que te decimos..."

Escuchen, fueron los ancianos los que hablaron con Pablo.

"Tenemos aquí cuatro hombres que tienen obligación de cumplir voto. Tómalos contigo, purifícate con ellos, y paga sus gastos para que se rasuren la cabeza, y todos comprenderán que no hay nada de lo que se les informó acerca de ti, sino que tú también andas ordenadamente, guardando la ley. Pero en cuanto a los gentiles que han creído, nosotros ya hemos escrito lo que determinamos: que se abstengan de lo sacrificado a los ídolos, de sangre, de ahogado y de fornicación. Entonces Pablo tomó consigo a aquellos hombres, y al día siguiente, habiéndose purificado con ellos, entró en el templo y dio aviso del cumplimiento de los días de la purificación, hasta que la ofrenda se presentara por cada uno de ellos" (Hch. 21:17-26).

¿Pueden creer que Pablo haya hecho esto? ¡Oh, Señor Jesús! ¡Oh Señor Jesús! ¡Ten misericordia de nosotros! ¿Pueden imaginar que en el tiempo de Hechos 21, todos los ancianos en Jerusalén hayan dado este consejo? No eran hermanos sin peso espiritual, sino los ancianos, incluyendo a Jacobo. Todos ellos dieron este consejo: Hemos decidido no exigir de los creyentes gentiles la observancia de la ley, pero nosotros los judíos todavía debemos guardar la ley. Al tomar el consejo de ellos, puede ser que Pablo sintiera que él debía hacerse a todos todo (1 Co . 9:22). Tal vez éste haya sido su razonamiento. Pero por mucho que intentemos encontrarle excusas a nuestro hermano Pablo, el Señor Jesús no aceptaría ni honraría lo que él hizo. Leamos el versículo 27: "Pero cuando estaban para cumplirse los siete días [para el ritual de la purificación], unos judíos de Asia, al verle en el templo, alborotaron a toda la multitud y le echaron mano, dando voces: ¡Varones israelitas, ayudad! Este es el hombre que por todas partes enseña a todos contra el pueblo, la ley y este lugar; y además de esto, ha metido a griegos en el templo..." El Señor permitió que algunas personas interfirieran con el ritual antes de que se cumpliera, porque no podía soportar la situación. Esta fue la causa del encarcelamiento de Pablo, donde permaneció hasta su muerte. Fue poco tiempo después de eso que el Señor mandó al ejército romano en el año 70 d. de C., bajo el mando de Tito, para destruir el templo, Jerusalén y la religión judía. Los ancianos judíos dijeron: "Ya ves hermano, cuantos millares de judíos hay que han creído; y todos son celosos por la ley". Parece que el Señor les respondía: "Mandaré un ejercito para limpiar todo eso". Y lo hizo. Ese fue el final, ¡Aleluya! ¡Ese fue el fin! Alabado sea el Señor, porque desde aquel tiempo no podemos encontrar en la historia ningún escrito de ancianos dando semejante consejo a los hermanos. Todo ello fue terminado.

LA RAIZ DE LA RELIGION EN NOSOTROS

Permítanme advertirles nuevamente que aún no se han librado totalmente de la religión. Lo repito: tal vez hayan desechado la religión, pero la religión no los abandonará tan fácilmente. Quizás usted haya decidido divorciarse de su "esposa religiosa", pero su "querida esposa religiosa" no lo abandonará a usted jamás. Esta esposa religiosa es una verdadera esposa; resulta muy difícil deshacerse de ella.

Hace varios años unos hermanos de cierto lugar aprendieron a orar-leer, y luego volvieron a su localidad a reunirse con otros creyentes para practicarlo. Como resultado, se levantó una protesta general que llegó hasta mis oídos. Los creyentes decían: "¡No podemos aceptar esto! ¡Aquí la gente no está acostumbrada a tal práctica!" De nuevo vemos que la religión se levantó. Ellos reaccionaron igual que Pedro cuando el Señor hizo descender el lienzo del cielo. "Señor, de ninguna manera; porque ninguna cosa profana o inmunda he comido jamás". Pero el Señor contestó: "Lo que Dios limpió, no lo tengas por común". En otras palabras, el Señor dijo: "Quizás no te guste, pero a Mí sí me gusta". Finalmente, el Señor obtuvo la victoria en aquel lugar.

¿Limitaremos nosotros al Señor? Quién puede saber lo que el Señor hará y hasta dónde llegará. No estoy defendiendo el orar-leer, los gritos, ni la alabanza ruidosa, pero insisto en que debemos suprimir todo lo religioso. Es posible que usted no está acostumbrado a las "novedades", pero el Señor dice: "He aquí, Yo hago nuevas todas las cosas" (Ap. 21:5). ¿Qué diría usted? ¿Qué puede decir a esto?

Pedro efectivamente tenía la base bíblica de la ley para no comer nada inmundo. Sin embargo, nosotros hoy no tenemos ninguna base para mantener nuestra antigua clase de "culto" cristiano. Debemos reconocer que se trata únicamente de nuestra tradición. La insistencia de Pedro en no comer nada inmundo se basaba en las Escrituras, en el Antiguo Testamento. Pero ahora, si usted dice que no le gustan los gritos ni las alabanzas ruidosas en las reuniones, no encontrará ninguna base en la Biblia, pues en ella no existe ni una sola palabra al respecto. Que el Señor nos conceda misericordia para que estemos dispuestos a abandonar todos nuestros conceptos religiosos. Usted puede decir que algo es inmundo, pero el Señor contesta que El lo ha santificado. Usted dirá que no puede establecer contacto con los gentiles, pero el Señor dice que El los ha escogido desde antes de la fundación del mundo. Si usted no los acepta, de todos modos, tarde o temprano los verá en la Nueva Jerusalén. Usted se encontrará allí cara a cara con la gente que ahora ha despreciado. Cuando esté frente a ellos ¿qué hará? A usted no le gustan las reuniones ruidosas, pero el Señor Jesús dice que a El sí le gustan. El dice: "Estoy tan contento con que invoquen Mi nombre". ¡Oh Señor Jesús! ¡Oh Señor Jesús! ¡Oh Señor Jesús!

La religión se ha convertido en un verdadero hoyo, en el cual hemos caído. No quiero decir que al rechazar la religión debemos actuar de manera insensata. Ciertamente debemos ser sobrios, en el buen sentido de la palabra; no obstante, aunque resulta fácil salir de la religión, no es tan fácil sacarla de nosotros. Cuando el Señor Jesús estuvo en la tierra, El actuó abiertamente delante de Sus discípulos, mostrándoles Su actitud hacia la religión. Todos vieron eso; ellos se dieron cuenta de que Jesús no tenía nada que ver con la religión. Además, todos ellos fueron revestidos con el Señor mismo en el día de Pentecostés y llegaron a ser Sus testigos osados y vivientes. Sin embargo, en los capítulos once, quince y veintiuno de Hechos, nuevamente quedó expuesta en ellos la raíz de la religión. Tal vez nos parezca increíble, pero debemos considerar nuestra propia situación. La raíz de la religión aún se encuentra en nosotros ¡Que el Señor Jesús tenga misericordia de todos nosotros!

En principio, ahora nos encontramos en la misma situación. En la actualidad, el cristianismo es prácticamente una religión. No piense que el cristianismo está bien sólo porque tiene la Biblia. No todo está bien en el cristianismo sólo por el hecho de que predican a Cristo. En el tiempo antiguo, los ancianos del judaísmo tenían la Biblia, y también enseñaban acerca de Cristo. Pero Cristo mismo vino, y ellos no se interesaron en El. En principio, pasa lo mismo hoy en día.

Hace unos años el Dr. A. W. Tozer, poco antes de su muerte, escribió un artículo en el cual subrayaba que el cristianismo actual organiza conferencias para hablar del servicio cristiano, del esfuerzo misionero, etc. Sin embargo, supongamos que Cristo mismo entrara en la sala de conferencia. Ellos le preguntarían: "¿Quién es usted?" Esto es lo que escribió A. W. Tozer, el famoso ministro de la Alianza Cristiana y

Misionera. Este es el cristianismo actual. Estas fueron sus propias palabras, no las mías.

Debemos tener cuidado y estar alertas. No piense que todo está bien porque tenemos la Biblia y predicamos a Cristo. Más bien, debemos estar llenos de vida, llenos del Cristo vivo, sin nada religioso del cristianismo ni de la tradición; sin organización, reglamentos, formas, ni meras enseñanzas y doctrinas muertas. Cristo es una persona viva y no algo religioso; El se preocupa únicamente por Sí mismo. A El no le interesa un Cristo doctrinal, un Cristo histórico ni un Cristo intelectual. Lo único que le interesa es el Cristo que vive en el espíritu del creyente. Esta es la era del recobro del Señor, y el recobro consiste en experimentar al Cristo que vive en nuestro espíritu. Esto no tiene nada que ver con las formas, reglamentos, enseñanzas, ni con las doctrinas expresadas en letras muertas. ¡Oh, que nos consagremos absolutamente a ser uno con el Cristo viviente!

En los Evangelios vimos cómo el Señor se opuso a la religión en el asunto del ayuno. De allí, El empezó a quebrantar todas las tradiciones religiosas. Vimos cómo El quebrantó la observancia del sábado y la echó a un lado. Luego, en Hechos capítulo diez, El quebrantó la ley acerca de comer cosas inmundas, y con ello, quebrantó la ley de la separación entre el mundo judío y el mundo gentil. Después de esto, El quebrantó la ley de la circuncisión (Hch. 15), y finalmente, acabó con toda la religión al enviar al ejército romano en el año 70 d. de C., bajo el mando de Tito, el príncipe del Imperio Romano, destruyendo así totalmente al judaísmo. Que el Señor nos conceda misericordia, nos rescate de la religión y saque la religión de nosotros.

CAPITULO ONCE

EN LAS EPISTOLAS, CRISTO ES CONTRARIO A LA RELIGION

Lectura bíblica: Ro. 2:29; 7:6; 2 Co. 3:6; Gá. 1:12-16; 2:1-5, 11-14; 5:1-4, 25; 6:15; Ef. 4:11-16; Fil. 3:2-14; Col. 2:8-9, 16-17, 20-22; 3:11; He. 7:16

En los pasajes arriba citados, desde la Epístola a los Romanos hasta el libro de Hebreos, en todos y cada uno de ellos se muestra que Cristo es incompatible con la religión.

EN ROMANOS

Hemos seleccionado dos versículos de la Epístola a los Romanos, uno del capítulo dos y otro del capítulo siete. En Romanos 2:29 leemos que nuestra necesidad no tiene que ver con algo religioso ni exterior, sino con algo interior, en nuestro espíritu; este versículo dice: "Sino que es judío el que lo es interiormente, y la circuncisión es la del corazón, en espíritu, no en letra..." En otras palabras, este versículo nos muestra claramente que debemos estar en el espíritu, y no sólo en la letra de las Escrituras. El apóstol Pablo es quien escribe esto. Supongamos que no existiera tal versículo en la Biblia, y que yo les enseñara que debemos estar en el espíritu y no preocuparnos tanto por la letra de las Escrituras; pienso que ustedes me apedrearían hasta que muriera. ¡Aleluya, el apóstol Pablo tomó la iniciativa! Esta enseñanza no es mía; yo solamente la cito. No soy más que un seguidor insignificante; el apóstol Pablo es mi salvaguarda. Si quieren apedrear a alguien, deben empezar por él. Tengo una base bíblica sólida para afirmar que necesitamos estar en el espíritu, y no simplemente tener la letra de las Escrituras. ¿Quién puede contradecir esto? No interpreten mis palabras equivocadamente: no estoy diciendo ni jamás he dicho que no debemos prestar atención a las Escrituras. Más bien, estoy diciendo que debemos obtener algo en el espíritu, y no meramente conforme a la letra de las Escrituras. Lo que necesitamos es al Cristo viviente, y no solamente lo blanco y negro del código escrito. Este es el principio que afirmamos al decir que Cristo es incompatible con la religión.

Ya hemos visto que el Cristo que disfrutamos es ahora el Espíritu vivificante, quien mora en nuestro espíritu y es uno con él: "El que se une al Señor, es un solo espíritu con El" (1 Co. 6:17). Cuando decimos que debemos estar "en el espíritu", nos referimos a este maravilloso Espíritu mezclado. En este espíritu tenemos al Señor Jesús como Espíritu vivificante. Tener meramente la letra de las Escrituras equivale a ser un religioso. A los religiosos no les interesa Cristo, lo único que les interesa es la letra impresa. En los evangelios vemos al Cristo viviente frente a los religiosos, pero a ellos lo único que les interesaba era la letra de las Escrituras. En el capítulo siete de Juan los religiosos preguntaron, estando Cristo frente a ellos: "¿De Galilea ha de venir el Cristo? ¿No dice la Escritura que del linaje de David, y de Belén...?" Por una parte, ellos se apoyaban en la Biblia, y por otra, estaban en la presencia del propio Cristo. Sin embargo, se preocupaban más por su Biblia que por el Cristo viviente. ¿Cree usted que la situación del cristianismo actual sea diferente?

Hace más de cuarenta años estuve con un grupo de cristianos que dedicaban mucho tiempo al estudio de la Biblia. Nunca había conocido personas tan familiarizadas con la enseñanza de la Palabra. Un miembro del grupo era llamado "la concordancia viviente". Más tarde, algunos de nosotros empezamos a tener experiencias vivas de Cristo. Oímos al Señor hablándonos directamente a nuestro espíritu. Cuando oyó esto el hermano que llevaba la delantera en ese grupo, quien era un hermano mayor que conocía la Biblia perfectamente, quedó muy sorprendido y preguntó: "¿Qué significa esto? La palabra de Dios se ha cumplido totalmente, desde Génesis hasta Apocalipsis. Si alguien quiere oír a Dios, debe estudiar Su Palabra. Dios ha completado cabalmente la

Biblia y ya no habla directamente al hombre". Este era el concepto de dicho grupo. Para ellos, todo aquel que oía una palabra viva de Dios aparte del estudio de la Biblia, era un hereje. Me molestó la actitud de este hermano líder. Sin embargo, dentro de mí había algo que me fortalecía y me daba la certeza de testificar y proclamar que es completamente normal que el Señor hable directamente al espíritu de los creyentes. Todo esto muestra la condición en que se encuentra el cristianismo: ciertamente les interesa la Biblia, pero no así la persona de Cristo; se preocupan por la doctrina acerca de Cristo, pero no les interesa el Cristo vivo y presente.

Leamos Romanos 7:6 "Pero ahora estamos libres de la ley, por haber muerto a aquella en que estábamos sujetos, de modo que sirvamos en la novedad del espíritu y no en la vejez de la letra". Ahora sabemos a lo que se refiere aquí la palabra "letra": se refiere a la palabra escrita. Ahora debemos servir al Señor viviente en la novedad del espíritu, y no según la vejez de la letra. Puedo decir con atrevimiento, como un seguidor insignificante del apóstol Pablo, quien fue el hombre más atrevido y viviente, que no servimos más en la vejez de la letra, de la Palabra escrita, sino en la novedad del espíritu. ¿Por qué afirmamos esto? Porque en nuestro espíritu tenemos a Cristo, mientras que en la letra escrita sólo tenemos la religión. Tenemos que reconocer que Cristo es contrario a la religión.

¿Qué significa ser religioso? Simplemente es tener una buena base bíblica, ser fundamentalista, pero sin la presencia de Cristo. Si no tenemos Su presencia, por mucho fundamento bíblico que tengamos, seremos simplemente religiosos. En estos versículos de Romanos, Pablo demuestra firmemente que Cristo es incompatible con la religión. Ahora nuestro servicio, labor y vida deben centrarse en el espíritu, y no sólo conformarse a la palabra escrita. Sé que es muy atrevido decir esto. Tal vez me acusen de herejía, diciendo que aparto a la gente de la Biblia. Sin embargo, analicen estos dos versículos, Romanos 2:29 y 7:6. Si lo hacen, descubrirán que en ellos, la palabra "letra" se refiere a las Escrituras. No hay duda al respecto. Cristo es contrario a la religión; El contradice a la letra escrita. Puede ser que el código escrito nos dé la razón, pero a pesar de ello, podemos errar al blanco y perder a Cristo, tal como los fariseos y los escribas de aquel tiempo. Debemos estar alertas y no prestar demasiada atención al código escrito. De otra manera, es muy probable que erremos al blanco en cuanto a la persona de Cristo. La única forma de no caer en ello, es contemplar "a cara descubierta la gloria del Señor" (2 Co. 3:18).

EN GALATAS

En el primer capítulo de Gálatas, Pablo describe brevemente su trasfondo religioso. El da a entender lo siguiente: "No me hablen del tema de la religión, pues en este asunto nadie me puede ganar. Yo estuve en la religión, e incluso fui uno de los más destacados en ella". En el versículo 14 dice: "Aventajaba a muchos de mis contemporáneos ... siendo mucho más celoso de las tradiciones de mis padres". Las tradiciones siempre abundan en la religión. Si usted defiende la tradición, defiende también la religión, y por consiguiente, persigue a la iglesia. Todos los defensores de la religión se convierten en perseguidores de la iglesia. El mismo apóstol Pablo afirmó esto, tanto en Gálatas 1 como en Filipenses 3. "En cuanto a celo, perseguidor de la iglesia" (Fil. 3:6). En otras palabras, cuando estaba en la religión, perseguía a la iglesia.

Si usted es un verdadero cristiano, ciertamente es miembro del Cuerpo de Cristo. Pero tenga cuidado, pues aun como miembro del Cuerpo de Cristo, puede ser religioso; si éste es el caso, espontáneamente perseguirá a la iglesia. Sé lo que estoy diciendo. He visto a muchos buenos cristianos, y a muchos buenos miembros del Cuerpo de Cristo hacer daño a la iglesia. Ellos generalmente defienden a la religión; simplemente son religiosos. Tales personas justifican sus acciones citando versículos de la Palabra; no son incrédulos ni judíos, sino verdaderos cristianos. Se preocupan por la religión cristiana, pero no les interesa la vida de iglesia. Algunos de ellos no perjudicarían abiertamente a la iglesia, pero sutilmente le causan daño.

Los dos elementos esenciales que preservan la vida de iglesia son: guardar la unidad y permanecer en el espíritu. De hecho, esto resume todo lo necesario para llevar la vida de iglesia. El lema, "en el espíritu y en unidad", lo resume todo. "En unidad" significa que debemos guardar la unidad, y "en el espíritu" significa que debemos hacer todo en el espíritu". Debemos guardar la unidad y hacer todo en el espíritu. Ambos puntos han sido el motivo de las críticas y persecuciones que ha sufrido la vida de iglesia. La gente se preocupa más por la religión que por estar en el espíritu y guardar la unidad.

Si realmente tomamos con seriedad la vida de iglesia, debemos dedicarnos por completo a ella. Debemos participar en todas las actividades de la iglesia, a menos que ésta se halle involucrada en pecado, inmoralidad o idolatría. Hemos de guardar la unidad en la iglesia local, sin importarnos que las reuniones sean silenciosas o ruidosas, ya sea que los santos hablen en lenguas o no lo hagan, o aun cuando practiquen el orar-leer o no. Supongamos que un hermano viene a la reunión descalzo. No por ello debemos rechazarlo. No debemos decirle: "Hermano, vaya a su casa y póngase zapatos; de lo contrario, no vuelva". Mientras él crea en el Señor Jesús y lo ame, será nuestro hermano amado. Debemos amarlo, no porque traiga o no zapatos, sino porque tiene a Jesucristo. Si usted piensa que debe hablar en lenguas, hágalo. Si una hermana piensa que debe cubrirse la cabeza, que lo haga. Si usted prefiere no cubrirse la cabeza, no moleste a las que lo hacen. ¿Están dispuestos y son capaces de recibir a todos?

Actualmente existe este problema: los que hablan en lenguas insisten en que también los demás deben hablarlas, y los que no hablan en lenguas prohiben que los demás lo hagan. No debemos preocuparnos por la religión; lo único que debe interesarnos es Cristo. Si nos centramos en Cristo, nada no nos fastidiará, seremos uno con todos los hermanos y hermanas. Si Cristo es nuestro único interés, siempre mantendremos la unidad y no existirá ningún problema.

Nuestro único centro debe ser Cristo y la iglesia; así, podremos tolerar todas las cosas: la práctica del orar-leer, el hablar en lenguas, el cubrirse la cabeza, el andar descalzos, y todas las demás cosas que no sean pecaminosas. ¿Podría usted decir que andar descalzo es pecaminoso? Ciertamente no lo es. Quizás a usted no le guste que las personas anden descalzas, pero el Señor puede contestar que a El no le preocupa eso. Quizás algunos dirán: "No puedo soportar que alguien toque el pandero durante las reuniones". Personalmente no estoy a favor ni en contra de esto, más bien, adopto una posición neutral. Si alguien siente que debe tocar el pandero en la reunión, que lo toque. ¿Por qué no lo ha de hacer? No nos preocupan esas cosas; lo único que nos interesa es Cristo. El es lo que nos une.

Algunos pueden decir que somos demasiado liberales, e incluso es posible que nos llamen "cristianos liberales". Pero tengan cuidado, porque la expresión "cristianos liberales" se refiere a los modernistas, a aquellos que no creen que la Biblia es la revelación divina, ni que Jesucristo es el Hijo de Dios, quien efectuó la redención, resucitó y ascendió a los cielos. Ellos son los liberales, no nosotros. Nosotros daríamos nuestras vidas por defender la verdad de la Biblia. Ciertamente creemos que la Biblia es la Palabra de Dios, y creemos que nuestro Señor Jesús es Dios mismo que se encarnó para ser un hombre, quien murió en la cruz por nuestros pecados, y quien resucitó física, espiritual y literalmente. Además, creemos que hoy en día El está en los cielos y a la vez mora dentro de nosotros como Espíritu vivificante; y que un día, El regresará física y literalmente. No pueden llamarnos liberales. Somos los más fundamentalistas entre todos los cristianos. También creemos que hay una sola Cabeza y un solo Cuerpo, un solo Pastor, un solo rebaño, un solo Cristo, una sola iglesia universal y una sola iglesia local en cada ciudad.

No somos liberales ni legalistas. No abogamos por el legalismo de la letra. Jamás insistimos de manera legalista en ninguno de los puntos secundarios de las Escrituras. Tampoco comprometeríamos jamás la verdad bíblica respecto a la persona y la obra de Cristo. En este asunto somos los más legalistas. No nos interesa la religión, ni aun la religión cristiana; lo único que nos importa es el Cristo viviente.

En Gálatas capítulo uno Pablo nos dice cuánto se había involucrado en la religión y con cuánto celo persiguió a la iglesia de Dios. ¿Qué es la iglesia? La iglesia no es algo religioso; la iglesia es simplemente la expresión del Cristo viviente. Esta es la verdadera razón por la cual los religiosos persiguieron a la iglesia. La iglesia es el Cristo agrandado. Si usted se consagra a Cristo en forma absoluta, seguramente sufrirá persecuciones, no de parte de los incrédulos, sino de los cristianos, de los religiosos.

En Hechos capítulo diez vimos cómo Pedro recibió una visión, en la cual aprendió que ahora no hay ninguna diferencia entre judíos y gentiles, entre las criaturas limpias y las inmundas. Tal parecía que aprendió bien la lección, pero mire cuál fue su comportamiento en el capítulo dos de Gálatas. Cuando Pedro fue a Antioquía, comió con todos los hermanos, incluyendo a los hermanos gentiles. Pero cuando unos hermanos judíos descendieron de Jerusalén, Pedro se apartó de los gentiles, simulando así que no se asociaba con ellos. ¿Podría usted creer que Pedro fuera tan cobarde? El sabía bien que tenía que desechar sus conceptos religiosos, pero temía a los hermanos judíos; y no solamente él tuvo miedo, sino también Bernabé. En aquel tiempo, únicamente Pablo fue muy valiente, y permaneció firme del lado de Cristo y en contra de la religión. El resistió a Pedro cara a cara. Es muy fácil pretender que somos espirituales. Usted puede gritar: "¡Aleluya, alabado sea el Señor!", pero cuando se halla en presencia de ciertos hermanos, deja de gritar y se convierte no en un Pablo valiente, sino en un Pedro cobarde.

Sin embargo, hemos visto que años después Pablo tampoco fue valiente. En Jerusalén, donde el ambiente estaba impregnado de religión, aun Pablo se sometió a la norma religiosa y se conformó a ella, a fin de no causar problemas. Permítanme advertirles algo: siempre que alguien se amolda a la religión para evitar problemas, le vendrán aún más problemas. Tal vez usted puede conformarse a la religión, pero el Señor nunca se conformará a ella. Jamás intente evitar problemas cuando siga al Señor. En cambio, cuanto más se enfrente a los problemas con valentía, menos problemas tendrá. Si quiere adoptar una posición intermedia, comprometiéndose aunque sea en cierta medida, tenga la certeza de que le esperan muchas dificultades. Guárdese de actuar como Pedro y Bernabé en Gálatas 2, o como el apóstol Pablo en Hechos 21. En la actualidad vivimos en un tiempo de confusión. Hoy se está librando una batalla entre Cristo y la religión.

Pablo dice en su carta a los Gálatas, que si intentamos preservar la religión, perderemos a Cristo y lo anularemos en nosotros: "He aquí, yo Pablo os digo que si os circuncidáis, de nada os aprovechará Cristo ... Habéis sido reducidos a nada, separados de Cristo, los que buscáis ser justificados por la ley; de la gracia habéis caído" (Gá. 5:2, 4). Si usted preserva la religión, perderá a Cristo; y si prefiere a Cristo, desechará la religión. Cristo se opone a la religión y jamás se conforma a ella.

Más adelante, en Gálatas 6, Pablo dice que esto no depende de la circuncisión ni de la incircuncisión, ni de ser judío o griego; sino de ser una nueva criatura en Cristo (6:15). El afirma: "Si vivimos por el Espíritu, andemos también por el Espíritu" (5:25). Este es el único requisito: debemos andar en el Espíritu; debemos ser simplemente una nueva criatura, libres de toda religiosidad.

EN EFESIOS

Leamos ahora el pasaje de Efesios 4:14-15, que dice: "Para que ya no seamos niños sacudidos por las olas y zarandeados por todo viento de enseñanza en las artimañas de los hombres en astucia, con miras a un sistema de error, sino que asidos a la verdad en amor, crezcamos en todo en aquel que es la Cabeza, Cristo" . Aparentemente en este pasaje no hay nada que pertenezca a la religión. Pero aunque no se menciona la palabra "religión", sí se menciona algo acerca de la religión. Pablo dice que no debemos ser zarandeados por "todo viento de enseñanza". Observe que no habla de "herejía" sino de "enseñanza". Indudablemente "toda enseñanza" pertenece al campo de la religión. En este pasaje podemos ver el contraste que existe entre "viento de enseñanza" y "asidos a la verdad". La verdad se refiere a Cristo. Debemos asirnos de la verdad en amor para crecer en Cristo. Por tanto, aquí vemos que Cristo está en oposición a la enseñanza; en otras palabras, Cristo se opone a la religión.

En el capítulo cuatro de Efesios leemos que los profetas, apóstoles, evangelistas, pastores y maestros, fueron dados al Cuerpo por la Cabeza, para el perfeccionamiento de los santos. Perfeccionar a los santos consiste en hacerlos crecer. Alimentamos a los santos con el fin de que crezcan y colaboren en la obra del ministerio. El resultado final es que estos santos edifican el Cuerpo de Cristo. La edificación de la iglesia no se lleva a cabo directamente por los apóstoles, profetas, evangelistas, pastores o maestros, sino por todos los santos, "hasta que todos lleguemos a la unidad de la fe y del pleno conocimiento del Hijo de Dios, a un hombre de plena madurez, a la medida de la estatura de la plenitud de Cristo" (v. 13). Los santos son perfeccionados hasta alcanzar: 1) la unidad de la fe y el pleno conocimiento del Hijo de Dios aquí la unidad incluye tanto la fe como el conocimiento del Hijo de Dios; 2) un hombre de plena madurez, o sea que, a la vez que avanzamos, crecemos hasta convertirnos en un hombre de plena madurez; 3) la medida de la estatura de la plenitud de Cristo. Según Efesios 1:23, la estatura de la plenitud de Cristo es simplemente el Cuerpo. La medida de la estatura de la plenitud de Cristo es la medida del Cuerpo.

Si leemos cuidadosamente el versículo 13, notaremos que no dice: hasta que todos lleguemos a la unidad de la doctrina y de las enseñanzas acerca del Hijo de Dios; más bien, dice: "hasta que todos lleguemos a la unidad de la fe y del pleno conocimiento del Hijo de Dios". Si nos preocupamos demasiado por la doctrina, seremos simplemente religiosos. Debemos ver la gran diferencia que existe entre la fe y la doctrina. La doctrina cristiana es absolutamente diferente a la fe cristiana. La fe cristiana consta de lo siguiente: Jesucristo es el Hijo de Dios, que se encarnó como hombre, murió en la cruz por nuestros pecados, resucitó corporalmente de los muertos, ascendió a los cielos, mora ahora en nuestro espíritu, y volverá pronto. Esta es nuestra fe y todos somos uno en esto. Pero aparte de esta fe existen muchas enseñanzas o doctrinas. Incluso hay muchas enseñanzas acerca de un solo asunto; por ejemplo, la segunda venida del Señor Jesús. Algunos afirman que Jesús regresará después de la gran tribulación; otros insisten en que El vendrá antes de ésta; y aún otros declaran que El volverá en medio de la tribulación. Todos ciertamente creemos que Jesús volverá: ésa es nuestra fe común. Todo cristiano genuino cree esto, y no existe ningún problema en cuanto a este hecho. Sin embargo, los cristianos están divididos en cuanto a la época o el tiempo en el que Jesús regresará.

Debemos ver que las distintas doctrinas o enseñanzas acerca del tiempo en el que Jesús volverá, no tienen nada que ver con nuestra fe. Nuestra fe es lo que nos salva; si no tenemos fe, no podemos ser salvos. Si creemos que el regreso del Señor será antes, en medio o después de la tribulación, eso no tiene absolutamente nada que ver con nuestra salvación. No debemos aferrarnos a ninguna enseñanza específica acerca del regreso del Señor. Lo que debemos hacer es guardar la fe, y no las doctrinas.

Supongamos que tres hermanos de sangre asisten a una reunión del evangelio y son salvos. Esto significa que los tres reciben la misma fe. Ahora supongamos que después de ser salvos, uno va al seminario presbiteriano, otro al instituto metodista, y el tercero a una universidad bautista. Después de un año, cada uno habrá adquirido y asimilado muchas doctrinas distintas, de modo que, cuando vuelvan a reunirse, discutirán y argumentarán entre sí. En el momento en que fueron salvos, los tres tenían la misma fe, así que podían ser uno. Sin embargo, aparte de esa fe, después se empeñaron en acumular toda clase de enseñanzas. Empezaron con algo bueno, pero luego recibieron algo más, es decir, las doctrinas; permítanme usar este término: recibieron "basura". Finalmente empezaron a amar dicha "basura". Usemos otro término menos fuerte, y digamos que empezaron a adquirir "juguetes". Actualmente, las muchas doctrinas que dividen a los hijos del Señor hoy en día, no son más que "juguetes".

Ahora supongamos que estos tres hermanos, que han obtenido sus "juguetes", se encuentran con un hermano que realmente conoce la vida, que conoce la manera en que los creyentes pueden crecer. Supongamos que este hermano se relaciona con ellos sin hablarles jamás de doctrinas, sino ayudándolos a crecer. Les enseña a invocar el nombre del Señor, diciendo: "¡Oh Señor, amén, aleluya!" Espontáneamente, todas las doctrinas y enseñanzas diferentes serán desechadas y desaparecerán. Mientras seamos alimentados con Cristo, creceremos espontáneamente y no nos dividirá ninguna doctrina.

Cuanto más jóvenes e inmaduros somos, más nos aferramos a los juguetes. Yo ya soy abuelo, y por lo tanto, no tengo ni un solo juguete. Pero todos mis nietos tienen muchos juguetes. Cuando crecemos, espontáneamente abandonamos los juguetes. Pablo mostró preocupación por el hecho de que "ya no seamos niños sacudidos por las olas y zarandeados por todo viento de enseñanza". Los niños son aquellos que son zarandeados por las doctrinas, y así son desviados de Cristo (la Cabeza), y de la iglesia (el Cuerpo). Cuando desechamos todas las doctrinas, es decir, cuando nos deshacemos de todos los "juguetes", nos volvemos a Cristo y a la iglesia.

Las numerosas doctrinas nos han apartado de Cristo y de la iglesia. Notemos lo siguiente, que las doctrinas son enseñanzas y no herejías. Es posible que sean doctrinas correctas, bíblicas y fundamentalistas, pero apartan a la gente de Cristo y de la iglesia, de la Cabeza y del Cuerpo. No obstante, el crecimiento en vida nos permite abandonar las doctrinas y obtener la unidad de la fe. ¡Aleluya! En el caso que mencionamos con anterioridad, los tres hermanos, en el momento en que fueron salvos, eran uno en la fe. Pero después, fueron desviados por las diversas doctrinas. Sin embargo, ¡alabado sea el Señor! más adelante el crecimiento en vida los condujo a la unidad de la fe y del pleno conocimiento del Hijo de Dios.

Al acumular doctrinas, adquirimos toda clase de conceptos religiosos. Las doctrinas no son otra cosa que conceptos religiosos. Hemos mencionado una sola categoría de doctrinas: las doctrinas relacionadas con la venida del Señor. Piense en la enorme cantidad de doctrinas que existen, tan solo acerca del bautismo. Algunos creen en un sola inmersión, otros, en tres inmersiones; unos creen que deben bautizarse hacia adelante, otros, hacia atrás; hay quienes creen que el bautismo debe efectuarse en un bautisterio, otros insisten que debe ser en agua fluyente. Existe una enorme cantidad de enseñanzas acerca del bautismo. Y todavía falta enumerar muchas otras categorías de enseñanzas.

¿Acaso fuimos salvos para acumular todas estas doctrinas? ¡Que el Señor nos conceda misericordia! Hemos sido salvos para experimentar a Cristo y la iglesia. Esto nos hará uno, y de esta forma, "todo el Cuerpo, bien unido y entrelazado por todas las coyunturas del rico suministro y por la función de cada miembro en su medida, causa el crecimiento del Cuerpo para la edificación de sí mismo en amor"

(Ef. 4:16). Debemos abandonar todas las doctrinas, dejar a un lado las tradiciones religiosas y asirnos únicamente de la verdad, que es Cristo, y de la iglesia, que es Su expresión. Entonces seremos uno en la fe única, en la fe que salva.

EN FILIPENSES

En la Epístola a los Filipenses, Pablo profundiza más acerca de su trasfondo religioso. El había obtenido importantes logros en la religión; sin embargo, lo que en la religión había sido ganancia para él, ahora lo estimaba como pérdida por causa de Cristo. Incluso estimó las cosas religiosas como "basura". La palabra griega traducida "basura" (Fil. 3:8) significa comida de perros, es decir, los desperdicios inmundos con los que alimentaban a los perros. Para el apóstol Pablo, la comida de perros no era solamente lo inmundo, sino también lo religioso. Por tanto, él dijo en el mismo capítulo: "Guardaos de los perros" (3:2). En otras palabras, Pablo estaba diciendo que nos guardemos de los judaizantes, es decir, de los religiosos.

El dijo también: "Guardaos de los mutiladores del cuerpo" (3:2). "Los mutiladores del cuerpo" es una expresión despectiva que alude a la circuncisión, y se refiere a la práctica de los judaizantes religiosos: la circuncisión religiosa carente de realidad. Pablo estaba dando a entender: "No se preocupen por lo religioso. Si lo hacen, errarán al blanco con respecto a Cristo". Pablo tenía la determinación de no errar al blanco en cuanto a Cristo. Por eso dijo: "Una cosa hago: olvidando lo que queda atrás, y extendiéndome a lo que está delante, prosigo a la meta para alcanzar el premio del llamamiento a lo alto, que Dios hace en Cristo Jesús" (vs. 13-14). Debemos estar conscientes de que las experiencias pasadas, por más buenas que hayan sido, pueden convertirse en nuestra religión actual, si nos aferramos a ellas. El maná de ayer nunca podrá ser el alimento de hoy; si lo conservamos, se corromperá y producirá gusanos. ¡Cuán lamentable es referirnos continuamente a experiencias de hace diez o veinte años! Debemos experimentar la novedad de Cristo cada día y aun cada hora. Si nos aferramos a nuestras experiencias pasadas, incluso a las del día anterior, éstas se convertirán en nuestra religión. Cuando usted experimentó eso en el pasado, estaba en la presencia del Señor. Pero hoy el Señor ha avanzado. ¿Por qué quedarnos estancados con esas cosas, aunque sean buenas y correctas, pero perder Su presencia actual? Todas esas cosas buenas y correctas pueden convertirse en nuestra religión. Debemos proseguir, olvidando lo que queda atrás. Nuestra meta es obtener la plenitud de Dios en Cristo. Pablo dice: "...prosigo, por ver si logro asir aquello para lo cual fui también asido por Cristo Jesús" (v. 12). En otras palabras, Pablo estaba diciendo: "Cristo me ha ganado para que reciba de Su plenitud; pero yo aún no he experimentado toda esa plenitud. Así que, prosigo hacia la meta". Necesitamos la misericordia y la gracia del Señor para no estancarnos en nuestras experiencias pasadas. Debemos dejarlas atrás, abandonarlas, olvidarnos de ellas y seguir adelante.

EN COLOSENSES

En Colosenses leemos: "Mirad que nadie os lleve cautivos..." (2:8). Tenga cuidado; usted puede ser capturado, distraído y estorbado por la filosofía, las tradiciones humanas, los rudimentos del mundo, y muchas otras cosas ajenas a Cristo. Porque en Cristo "habita corporalmente toda la plenitud de la Deidad" (v. 9). Olvídese de la filosofía, las tradiciones, los rudimentos del mundo, y de todas esas cosas, por buenas que parezcan, siempre y cuando no sean Cristo mismo. Olvídese de todo, excepto de Cristo. Finalmente, Pablo dice que en el nuevo hombre, en la vida de iglesia, no hay ni griego ni judío, ni bárbaro ni escita. Esto significa que no hay religioso ni no religioso, ni culto ni inculto. En la vida de iglesia, Cristo lo es todo y en todos (3:11). En la iglesia no tenemos ni religión ni cultura; sólo tenemos a Cristo.

EN HEBREOS

Finalmente, en Hebreos 7:16 Pablo dice que Cristo es un Sacerdote: "no designado conforme a la ley del mandamiento carnal, sino según el poder de una vida indestructible". No tenemos ninguna regla ni norma, porque Cristo, el Sumo Sacerdote, nos ministra las cosas de Dios, no conforme al mandamiento de la letra, sino según el poder de una vida indestructible. En la iglesia ya no hay religión, sino únicamente el Cristo viviente.

Debemos abandonar todo lo tradicional y lo religioso, por más bueno, "espiritual", bíblico o fundamental que sea, si todo ello carece de la presencia de Cristo. Abandonemos todas estas cosas religiosas, incluyendo nuestras experiencias pasadas, y preocupémonos únicamente por el Cristo viviente, por el Cristo instantáneo y actual. Este es nuestro destino, y debería ser también nuestro objetivo, nuestra meta. Debemos proseguir para asir aquello para lo cual fuimos también asidos por Cristo Jesús, es decir, proseguir para experimentar plenamente a Cristo.

Capitulo doce

CINCO ETAPAS QUE DAN INICIO A UNA NUEVA RELIGION

Lectura bíblica: Ap. 1:12-18; 2:1-7, 12-21, 24-29; 3:1-6, 14-22; 17:4-5; 18:2, 4; 19:7-8

Ahora llegamos al libro de Apocalipsis, el cual muestra más evidencias del hecho de que Cristo es contrario a la religión. El Cristo que vemos en este libro difiere completamente del Cristo que presentan los cuatro evangelios. En los evangelios vemos a un Cristo amable, tierno y manso, pero en Apocalipsis descubrimos a un Cristo que se muestra temible. En los evangelios, el apóstol Juan podía recostarse sobre el pecho de Cristo, pero cuando el mismo Juan vio a Cristo en Apocalipsis, cayó a tierra como muerto. El Cristo que vemos en Apocalipsis tiene ojos como llama de fuego y Su voz es como el estruendo de muchas aguas. ¿Por qué ésta diferencia tan grande? Debido al cambio de era que introduce el libro de Apocalipsis. Por esta razón se ve un cambio tan drástico en el aspecto y la actitud de Cristo.

En el libro de Apocalipsis vemos la religión, pero ésta difiere de la religión presentada en los evangelios, Hechos y las Epístolas. En todos estos libros, la religión alude a la antigua religión, a la religión judía. Pero en el último libro del Nuevo Testamento la religión reviste un nuevo aspecto, pues ya no se refiere a la religión judía sino a la religión cristiana, a la nueva religión: el cristianismo. Por eso, tanto Cristo como la religión son diferentes en el libro de Apocalipsis.

En los primeros capítulos de Apocalipsis, las siete epístolas enviadas a las siete iglesias muestran un panorama completo de la nueva religión, el cristianismo. Gradualmente, el cristianismo se ha convertido en la religión actual. En las epístolas a las siete iglesias, podemos ver las cinco etapas del desarrollo de esta nueva religión. De entre las siete iglesias sólo dos de ellas, Esmirna y Filadelfia, no tienen nada que ver con la religión. Las otras cinco iglesias se relacionan estrechamente con la religión; cada una de ellas representa una etapa definida en la formación de la religión cristiana. En otras palabras, estas cinco iglesias representan las cinco etapas que dieron inicio a la nueva religión del cristianismo.

1. ARDUO TRABAJO, PERO SIN AMOR

La primera etapa en la formación del cristianismo se caracteriza por un inagotable trabajo para Cristo que carece de un amor íntimo y personal hacia El. Nadie habría imaginado que trabajar para el Señor pudiera formar una religión. La mayoría piensa que trabajar mucho por el Señor, es bueno. ¿Qué hay de malo en trabajar en el campo misionero, en enseñar la Biblia y en ayudar a las personas a conocer al Señor para que sean salvas? El Señor reconoce toda obra realizada, como lo hizo en el caso de la iglesia en Efeso, pero existe un peligro: se puede laborar diligentemente y lograr mucho por el Señor, sin tener un amor íntimo y personal hacia El mismo.

En el recobro de la vida de iglesia todos debemos tomar esta advertencia. Ciertamente debemos laborar para el Señor, pero debemos guardar un equilibrio entre nuestra obra y nuestro amor íntimo y personal hacia nuestro amado Señor. Nuestro amor incluso debe ser más grande que nuestra labor. Nuestro amor por El debe ser más precioso y profundo que la obra que realicemos por El. Debe preocuparnos más la medida de nuestro amor hacia Cristo, que la cantidad de trabajo que hagamos por El. Necesitamos amar de modo íntimo y personal al Señor Jesús, y este amor debe ser el primer amor, el mejor amor. La palabra "primer" en la frase "primer amor" (Ap. 2:4) es la misma palabra traducida como "mejor", en referencia al "mejor vestido" (Lc. 15:22). Por consiguiente, el primer amor es el mejor amor, y éste es el amor que debemos mantener fresco hacia el Señor. Podemos olvidarnos de laborar por El, pero jamás debemos olvidar amarlo con el primer y mejor amor. Principalmente El es nuestro Esposo, y no nuestro Maestro. Jamás debemos olvidar que Jesús es nuestro amado y precioso Esposo, a quien disfrutamos. Servirlo es algo secundario; amarlo es lo más importante.

El Señor advirtió a la iglesia en Efeso: "Recuerda, por tanto, de dónde has caído, y arrepiéntete ... pues si no vendré a ti, y quitaré tu candelero de su lugar, si no te has arrepentido" (2:5). El Señor les advirtió que si no se arrepentían y volvían a su primer amor, perderían la luz, el testimonio y el candelero, y finalmente quedarían en tinieblas. En otras palabras, sin el primer y mejor amor, fracasamos en cuanto al testimonio del Señor Jesús. Esto es muy grave. El hecho de trabajar mucho por el Señor no implica que tengamos el testimonio. Nuestro amor por El es la mejor forma de poseer el poder resplandeciente, la luz, el candelero y el testimonio. El testimonio resplandeciente de Jesús no depende de cuánto trabajemos por El, sino de cuánto amamos íntimamente Su preciosa persona.

La advertencia del Señor a la iglesia en Efeso fue acompañada de una promesa. El Señor dijo: "Al que venza, le daré a comer del árbol de la vida, el cual está en el Paraíso de Dios" (2:7). Estas tres palabras siempre van juntas: amor, luz y vida. Si amamos íntima y personalmente al Señor con el primer y mejor amor, poseeremos la luz y disfrutaremos la vida. El Señor prometió que los vencedores que lo amaran con esta intensidad, comerían del árbol de la vida. Esta promesa no ofrece solamente un disfrute para el futuro, sino una bendición en la actualidad. La vida apropiada de iglesia es el paraíso actual de Dios, en donde podemos disfrutar a Cristo como nuestro árbol de la vida. Cristo no es un conjunto de enseñanzas; más bien, El es el árbol de la vida para que lo disfrutemos hoy. No tenemos qué imitar a Jesús ni meramente seguirlo, más bien, debemos comerlo como nuestro árbol de la vida en la iglesia, la cual es el paraíso de Dios. Es cierto que esta promesa se refiere principalmente al futuro, pero ahora mismo podemos recibir un anticipo, un sabor anticipado. ¡Aleluya! Muchos de nosotros podemos testificar que en la vida de iglesia, es decir, en el paraíso actual de Dios, tenemos un anticipo de Cristo como el árbol de la vida.

La primera etapa en la formación del cristianismo consiste en trabajar incansablemente por el Señor; este trabajo excesivo reemplaza el amor íntimo y personal hacia El. Hermanos y hermanas, lo más importante que debemos hacer en las iglesias locales es amar al Señor. Lo que impresiona e impacta de las iglesias locales no es la manera en que se trabaja por Cristo, sino la intensidad con que se le ama. Cada vez que mencionamos Su precioso nombre, debemos exultarnos hasta lo sumo por nuestro amor hacia El. Esta debe ser nuestra meta, jamás deberíamos perder nuestro amor por El. La segunda impresión que debemos dar a la gente es que nos amamos unos a otros con el mismo amor con el que amamos a Jesús. Lo amamos a El con mucha intimidad e intensidad, y del mismo modo, nos amamos unos a otros. El mayor impacto que debe recibir todo aquel que toca la vida de iglesia, es el amor en estas dos direcciones: hacia el Señor Jesús y hacia todos los demás. De esta forma, tendremos el candelero con el poder resplandeciente y con la plenitud de luz capaz de disipar todas las tinieblas. Entonces disfrutaremos el árbol de la vida, y lo disfrutaremos ahora mismo, en el paraíso actual de Dios. Si no tenemos esto, nos hallamos en la primera etapa, camino al cristianismo.

2. LA DOCTRINA DE BALAAM Y LA DE LOS NICOLAITAS

De la iglesia en Efeso pasamos a la iglesia en Pérgamo. En Pérgamo tenemos la segunda etapa. Las etapas son progresivas. Si usted se involucra en la primera etapa, seguramente avanzará a la segunda. Esta segunda etapa se distingue por dos características principales: la doctrina de Balaam y la doctrina de los nicolaítas.

¿Qué es la doctrina de Balaam? Balaam era un profeta que trabajaba por dinero. Por consiguiente, su predicación y su enseñanza eran simplemente un empleo. ¿Por qué sucedió esto? Debido al exceso de trabajo. Cuando la iglesia tiene demasiado trabajo, contratará el servicio de personas que lleven a cabo esta labor. Si amamos al Señor sobre todas las cosas, y no nos preocupamos tanto por el trabajo, no necesitaremos contratar a nadie. La tendencia en el cristianismo ha sido, y sigue siendo, que se hacen muchas obras pero sin amor. Esta es la razón por la que se contratan a tantos obreros cristianos. En la iglesia, los que laboran por el Señor no deben hacerlo por dinero, sino motivados por un amor íntimo y ardiente hacia su Señor. Debemos servir al Señor porque Su amor arde dentro de nosotros. Sencillamente lo amamos, y daríamos cada gota de nuestra sangre por El. Deseamos servirlo, pero esto no implica que tengamos que efectuar cierta clase de labor o trabajo, sino que nuestro servicio es la expresión de nuestro amor hacia El. No debe preocuparnos el dinero en absoluto.

El cristianismo se concentra totalmente en las obras. Dicen: "Organicemos algo. Abramos un nuevo campo misionero; enviemos muchos misioneros; vayamos a los seminarios y a los institutos bíblicos y contratemos a sus graduados". Por supuesto, los que son contratados deben cumplir con el trabajo que el presupuesto asignado requiera. De esta manera se comercializa el servicio del Señor. Esta no es simplemente una religión, sino algo peor. Si se piensa contratar a alguien en la iglesia para que cumpla una tarea determinada, se habrá entrado a la segunda etapa de la formación de una nueva religión. Cada vez que hablemos de dinero, estaremos entrando en esta esfera. No hablemos del dinero que tenemos, sino de las numerosas gotas de sangre que poseemos para derramarlas por el Señor. No deberíamos trabajar por dinero, sino por amor a Jesús. Que no nos preocupe la abundancia de dinero ni la falta de él. Sirvamos por amor a Jesús. No debemos laborar por un salario, sino basados en las gotas de sangre que poseemos. Si servimos tomando en cuenta el dinero, nunca llevaremos a cabo la obra por amor. Si salimos a realizar la obra sin dinero, pero estamos preparados para derramar nuestra sangre por amor a Jesús, levantaremos una iglesia que posea el primer y mejor amor, una iglesia que no tolerará la formación de una religión.

¿Cuál es la razón por la que el cristianismo actual se ha convertido en una religión degradada? Debido al asunto del dinero; esta es la doctrina de Balaam.

La doctrina de los nicolaítas sigue inevitablemente a la doctrina de Balaam. ¿Qué significa la palabra "nicolaítas"? La palabra "nicolaítas" proviene de dos vocablos griegos: *niko* y *laos*. El término *niko* significa "conquistar o vencer", mientras que *laos* quiere decir "gente común o secular". Una vez juntos estos dos vocablos significan "conquistar a la gente común", dicho en otras palabras, éste es el sistema de clérigos y laicos. Debido a la comercialización del servicio cristiano, apareció espontáneamente el sistema clero-laicado. Este sistema anula la función de los miembros y aniquila el Cuerpo de Cristo. Este mal terrible se ha desarrollado a tal grado, que en ciertos lugares no se permite que un laico ore. Esta es la religión en su aspecto más lamentable. No existe nada que ofenda más al Señor que este sistema religioso.

Siento en mi espíritu la confianza de alentar a todos los hijos del Señor a que oren y aun griten en las reuniones. Creo que ésta es la reacción del Señor hoy en día. Hoy el Señor Jesús está actuando contra la religión y la cultura; El está reaccionando fuertemente. Todos debemos aborrecer la doctrina de Balaam y la doctrina de los nicolaítas.

En la iglesia que estaba en Efeso, las obras de los nicolaítas aparecieron como una práctica; este fue su principio. Finalmente, en la iglesia en Pérgamo, estas prácticas llegaron a ser una doctrina. Cuando una práctica se convierte en doctrina, esto significa que tal práctica es justificada por la gente. La gente la practicaba, y además la tomaban como enseñanza. ¡Qué tristeza! Pero hoy debemos rechazar dicha práctica y enseñanza detestable del sistema clero-laicado. Debemos extirpar tal enseñanza y deshacer las obras de los nicolaítas. Si usted asiste a la reunión, y solamente se sienta a esperar que otros funcionen, sigue bajo la influencia de los nicolaítas. Debemos liberarnos de esta doctrina de los nicolaítas, aun cuando para lograrlo tengamos que gritar. En la vida de iglesia no debe haber ni "nicos", ni "laitas", ni clero ni laicado. Todos los hermanos y hermanas deben funcionar por igual; todos deben orar, testificar, gritar y alabar. No piense que el hecho de gritar en una reunión es algo insignificante. Les aseguro que ésta es la reacción del Señor. ¡Derribemos las obras de los nicolaítas, y exaltemos al Señor! La era ha cambiado. El Señor ya no tolerará más el sistema nicolaíta, del clero y el laicado. Si usted viene a la reunión como un laico, esperando que otros funcionen, eso avergüenza públicamente al Señor Jesús.

Quizás usted piense que es un acto salvaje gritar "¡Jesús es Señor!" y "¡Oh Señor Jesús!" en las reuniones. Pero les aseguro que históricamente, siempre que el Señor ha reaccionado, lo ha hecho de manera "salvaje". Hemos visto cómo actuó Juan el Bautista: el Señor Jesús fue introducido de manera "salvaje", no con suavidad. Ahora, en el libro de Apocalipsis, el Señor Jesús es un Cristo poderoso. El actúa agresivamente contra de la religión, contra lo falso y contra todo lo que distrae a la gente de Sí mismo.

Si nos involucramos mucho en la obra del Señor, pero carecemos de un amor apropiado y personal hacia El, ciertamente seguiremos el camino de Balaam y finalmente caeremos en la doctrina de los nicolaítas.

3. LA ENSEÑANZA DE JEZABEL

Cuando llegamos a la iglesia en Tiatira descubrimos una situación aún más lamentable. Después de la segunda etapa aparece automáticamente la tercera. De modo que en Tiatira aparece una mujer llamada Jezabel, una mujer que ha recopilado muchas enseñanzas y que se autodenomina "profetisa". Hasta aquí hemos visto la doctrina de Balaam y la de los nicolaítas, pero ahora aparece la enseñanza de Jezabel. Esta es la razón por la cual debemos abandonar todas las enseñanzas y doctrinas. La historia de la iglesia indica que Tiatira representa a la Iglesia Católica Romana, y que el Espíritu le da a esta falsa iglesia el nombre de Jezabel. ¿Quién fue esa mujer maligna? Ella fue la que introdujo muchas enseñanzas y prácticas paganas a la iglesia, y las mezcló con las enseñanzas acerca de Cristo. Esto dio por resultado el culto a los ídolos y la fornicación.

A los ojos del Señor hay tres abominaciones: el culto a los ídolos, la fornicación y la división. El culto a los ídolos ofende a la persona de Dios; la fornicación daña a la humanidad y la división mutila el Cuerpo de Cristo. Dios se preocupa por Sí mismo, por la humanidad y por el Cuerpo de Cristo. El jamás tolerará los ídolos, la fornicación ni la división. En la iglesia en Tiatira, esta mujer introdujo la doctrina maligna y fomentó el culto a los ídolos y la fornicación, lo cual ofendió a Dios y dañó la humanidad. Esta es la religión Católica Romana. ¡Es algo grotesco!

Después de desarrollarse plenamente, esta mujer Jezabel se convirtió en Babilonia la Grande. En el capítulo dos de Apocalipsis se llama Jezabel, pero en el capítulo diecisiete su nombre es Babilonia la Grande. También es llamada la gran ramera, la madre de las rameras y de las abominaciones de la tierra. Esta es la culminación de la religión cristiana, a la cual llegó paso a paso y etapa tras etapa. El primer paso fue el trabajo excesivo; el segundo paso fue la doctrina de Balaam y la doctrina de los nicolaítas; posteriormente, el tercer paso le abrió completamente la puerta al paganismo e introdujo directamente a Babilonia. Babilonia es la consumación de la religión cristiana, el cristianismo. ¡Evitemos a toda costa lo religioso!

No piense que no hay nada de malo en planear la obra misionera y esforzarse por extender el evangelio para el progreso del reino. Debemos tener mucho cuidado, pues esto podría ser el inicio que nos conduzca a formar parte del cristianismo. Si damos el primer paso, seguramente daremos el segundo, y finalmente el tercero, hasta caer por completo en Babilonia.

Hoy estamos en la era del recobro del Señor. Siento que debemos recalcar el hecho que Cristo es contrario a la religión. Temo que se repita la historia dentro de diez o quince años. Es posible que pronto entremos en la primera etapa, de intensa labor y trabajo, y que perdamos el amor personal e íntimo con el Señor Jesús, el primer y mejor amor. Si esto sucede, nos encontraremos en camino a formar una religión. Luego tendremos muchas doctrinas y caeremos totalmente en el cristianismo. Que el Señor nos conceda misericordia y nos libre de ello. Ya que estamos en el recobro del Señor, debemos comprender con claridad lo siguiente: no debemos involucrarnos en absoluto con ninguna de las tres etapas; por el contrario, estemos alertas y no permitamos que se infiltre nada religioso entre nosotros.

4. CORRECTOS PERO MUERTOS

La historia del recobro del Señor se inició cuando el Señor avanzó de Tiatira a Sardis. Sardis constituyó un recobro parcial de Tiatira. Sin embargo, la Palabra del Señor nos enseña que al poco tiempo de aparecer Sardis, ésta llegó a ser una religión muerta. ¿Qué había de malo en Sardis? No mucho. Su único problema era que estaba muerta. El Señor le dijo: "Tienes nombre de que vives, y estás muerto", y "afirma las cosas que ... están a punto de morir". Sardis estaba moribunda prácticamente en todo aspecto. La historia de la iglesia nos enseña que aunque la iglesia fue parcialmente recobrada por medio de Martín Lutero, ésta no tardó mucho en morir. La religión consiste en hacer todo correctamente, y sin embargo estar muertos. Podemos tener la razón, ser fundamentalistas y bíblicos, pero estar muertos; si esto sucede, habremos caído en una religión. Es bueno que usted hable de la justificación por fe, pero si lo hace sin vida, simplemente será una religión.

He conocido a muchos luteranos. Sabemos que la Iglesia Luterana defiende la enseñanza de Lutero acerca de la justificación por fe, así que estos creyentes hablaron mucho conmigo acerca de este asunto. Tenían toda la razón, pero sólo doctrinalmente. Hablaban mucho de la justificación por fe, pero finalmente descubrí que ellos mismos no eran justificados. Tenían razón desde el punto de vista doctrinal, pero no habían experimentado lo que enseñaban. Esto es simplemente un tipo de religión. La gente religiosa defiende sus enseñanzas religiosas, pero carecen totalmente de vida.

Aplique este principio a los diferentes grupos del cristianismo y se dará cuenta de que sucede lo mismo en cada uno de ellos: defienden sus enseñanzas, pero lo hacen sin vida. Hermanos y hermanas, si no estamos alertas, me temo que estaremos defendiendo las enseñanzas correctas acerca de Cristo como Espíritu vivificante, sin tener la experiencia personal de ello. Incluso podemos tener las enseñanzas correctas acerca de un asunto como éste, y carecer de vida. Esto también sería religión. Todo lo que enseñemos, todo lo que ministremos, todo lo que defendamos, debe estar lleno de vida; de otro modo, estaremos repitiendo la historia de Sardis. ¿En qué consiste la religión de Sardis? Consiste en defender algo muy correcto, muy fundamental y muy bíblico, pero carecer de vida al hacerlo. Incluso podríamos defender la vida de iglesia y el terreno local de unidad sólo como doctrinas correctas, carentes de vida y sin ningún impacto. Todo lo que es bíblico y aun espiritual, pero carece de vida, se convierte en religión. El Señor no puede tolerar a los que están "correctos pero muertos". Esta es la cuarta etapa.

5. RICOS SOLAMENTE EN DOCTRINA

En la historia del mover del Señor, después del recobro que ocurrió hace quinientos años por medio de Martín Lutero, el Señor dio otro paso hace aproximadamente ciento cuarenta años por medio de la Asamblea de los Hermanos. Al principio, ellos eran la verdadera iglesia en Filadelfia, pero eso no duró por mucho tiempo. Pronto se degradaron y se convirtieron en Laodicea. Filadelfia fue una mejoría sobre Sardis, pero Laodicea fue la degradación de Filadelfia. ¿Cuál fue el problema con Laodicea? Simplemente que Laodicea lo tenía todo; ellos eran verdaderamente ricos, pero únicamente en doctrina, así como Sardis. Ellos pensaban tenerlo todo y creían que no necesitaban nada, pero el Señor Jesús les dijo que no eran ni fríos ni calientes.

En la vida de iglesia persiste el peligro de que un día nos volvamos tibios, es decir, que no seamos ni fríos ni calientes. Podemos decir que somos ricos, y serlo únicamente en doctrina, mas no en experiencia. En tal caso seríamos ricos, pero estaríamos muertos. El Señor Jesús le pidió a la iglesia en Laodicea que compraran oro para que fuesen ricos y que ungieran sus ojos con colirio para que pudieran ver. Debemos estar alertas, puesto que no queremos sólo tener riquezas superficiales, es decir, riquezas acerca de la vida, del Espíritu y de la iglesia, pero únicamente en doctrina. Podemos pensar que somos muy ricos, que sabemos mucho, y aun así, no tener visión espiritual. Podemos tener conocimiento, pero no la luz. Podemos acumular doctrina sin poseer oro. Tal vez no seamos fríos, pero tampoco calientes; por lo tanto, el Señor nos vomitará de Su boca.

Escuchen las promesas que hizo el Señor. A la iglesia en Efeso: "Al que venza, le daré a comer del árbol de la vida" (2:7). A la iglesia en Pérgamo: "Al que venza, daré a comer del maná escondido..." (2:17). A la iglesia en Laodicea: "Si alguno oye Mi voz y abre la puerta, entraré a él, y cenaré con él, y él conmigo" (3:20). El Señor prometió que si permanecemos alertas y evitamos caer en las diferentes clases de religión, seremos preservados en el disfrute del Señor, comeremos de El como el árbol de la vida y como el maná escondido, y cenaremos con El y El con nosotros.

En las siete epístolas citadas en estos dos capítulos de Apocalipsis, vemos que algo religioso se mezcló con algo del Señor. Durante el transcurso de los siglos y hasta ahora, el Señor ha estado separando lo que es Suyo de lo que es religioso. Todo lo religioso será reunido y quemado juntamente con Babilonia la Grande (Ap. 17—18). Babilonia la Grande es la consumación de la religión; es el destino de todo lo religioso mencionado en estas epístolas. Por otra parte, la esposa, la Nueva Jerusalén, será la consumación de toda la obra de separación que lleve a cabo el Señor durante el transcurso de los siglos. Hoy en día la iglesia local es el lugar donde el Señor lleva a cabo esta obra de separación, para obtener Su esposa. La iglesia local es la parte final de esta obra de separación, efectuada para preparar la esposa. Por tanto, vemos que en la historia de la iglesia a través de los siglos ha existido una inclinación hacia la mixtura, cuyo resultado es Babilonia. Sin embargo, en el transcurso de los siglos, la obra divina de separación también ha progresado. En la última parte de este siglo veinte, el Señor ha estado recobrando las iglesias locales como el lugar que nos separa de Babilonia la Grande. Finalmente, esto dará por resultado la esposa, el logro máximo de la obra separadora del Señor. ¡Aleluya! Después de Apocalipsis 17 y 18, llegamos al capítulo 19, donde la esposa se ha preparado. En el capítulo dieciocho oímos el llamado del Señor: "Salid de ella, pueblo Mío, para que no seáis partícipes de sus pecados" (v. 4). En el capítulo diecinueve leemos: "Han llegado las bodas del Cordero, y Su esposa se ha preparado" (v. 17). Alabado sea el Señor porque hoy estamos en la vida de iglesia, totalmente separados de lo religioso, y así estamos siendo preparados para ser la esposa del Cordero.

En todos estos capítulos hemos visto que Cristo es incompatible con la religión. La consumación de Cristo será Su esposa, y la consumación de la religión será Babilonia la Grande. Por consiguiente, Cristo en oposición a la religión llegará a ser finalmente su esposa en oposición a Babilonia. Debemos apartarnos de todo lo religioso y permanecer en las iglesias locales, preparándonos para ser la esposa de Cristo. ¡Aleluya!

Capitulo trece

LA ERA DEL LIBRO DE APOCALIPSIS

Lectura bíblica: Ap. 2:1, 7, 8, 11, 12, 17, 18, 29; 3:1a, 6, 7, 13, 14, 22; 14:13b; 22:17a; 5:6; 1:10; 19:10b; 22:6b

APOCALIPSIS NO INCLUYE CITAS BIBLICAS

La era del libro de Apocalipsis es la era de los siete Espíritus, la era en que vivimos. ¡Aleluya por el último libro de la Biblia, el libro de Apocalipsis! Este libro es totalmente distinto de los demás. En Mateo encontramos muchas citas del Antiguo Testamento; en Juan, Hechos, Romanos, Hebreos y en otros libros, también se hallan muchas citas bíblicas. No obstante, en el libro de Apocalipsis, un libro de veintidós capítulos, no podemos encontrar ni una cita del Antiguo Testamento. Todo su contenido es nuevo; no contiene nada de los libros antiguos. Este libro no cita ni un solo versículo bíblico, no tiene nada antiguo. Entonces, ¿cuál es su contenido? ¡Los siete Espíritus! Un Cordero con siete ojos, los cuales son los siete Espíritus de Dios. Sólo vemos al Cordero Redentor y al Espíritu intensificado. Este libro no contiene nada que pertenezca a la fuente vieja. En este libro todas las expresiones provienen del Espíritu siete veces intensificado, y todas son nuevas y frescas. No hay nada religioso, nada viejo, nada muerto; el Espíritu viviente lo dice todo, y lo dice de una manera nueva y viviente.

NO INCLUYE EL HABLAR HUMANO

Además, este libro no contiene ninguna declaración humana. Siempre leemos que el Espíritu habla. "Sí, dice el Espíritu" (Ap. 14:13). "El que tiene oído, oiga lo que el Espíritu dice a las iglesias" (2:7). En los capítulos dos y tres leemos en siete ocasiones que el Espíritu habla a las iglesias. Estos mensajes no se parecen a los que dieron los profetas del Antiguo Testamento, tal como: "Sí, pueblo mío, así dice el Señor..." Tampoco se parecen a lo que leemos en las epístolas. Las epístolas dicen: "Esto digo [Pablo]" (1 Co. 7:6), o "Yo [Pedro] exhorto" (1 P. 5:1). En el libro de Apocalipsis nunca encontramos frases como esta: "Así dice el Señor" o "Esto digo". Antes bien leemos: "El Espíritu dice, el Espíritu dice, el Espíritu dice". ¿Ha notado usted que esta misma frase con las mismas palabras se repite siete veces: "El que tiene oído, oiga lo que el Espíritu dice a las iglesias"? ¿Por qué dicha frase se repite siete veces? Por causa del Espíritu siete veces intensificado. Finalmente el libro concluye así: "El Espíritu y la novia dicen..." (22:17). Primero leemos que el Espíritu habla a las iglesias, y finalmente, que el Espíritu y la novia llegan a ser uno; hablan juntos. En este versículo, el Espíritu y la novia son un sujeto compuesto. Ambos fueron compuestos y forman una sola entidad; ambos se hicieron uno. ¡Aleluya! La iglesia forma una sola entidad con los siete Espíritus, y los siete Espíritus se han forjado integralmente en la iglesia. ¡Esta es la meta de Dios, la consumación final de Su propósito eterno!

NO INCLUYE DOCTRINAS, DONES, NI PERSONAS DOTADAS

En el libro de Apocalipsis tampoco podemos encontrar doctrinas, dones, ni personas dotadas. No sobresalen apóstoles, profetas, evangelistas, ni pastores; tampoco encontramos ancianos ni diáconos. Lo único que vemos aquí son los ángeles en las iglesias locales. Los ángeles son las estrellas, y las estrellas están relacionadas con los siete Espíritus, así como las siete iglesias también están relacionadas con los siete Espíritus. Los siete Espíritus son para las siete iglesias, y los siete Espíritus son también para las siete estrellas.

¿Qué significa todo esto? Debemos estar conscientes de que en el tiempo en que se escribió el libro de Apocalipsis, la era había cambiado por completo, pues pasó de la religión al Espíritu. ¿Por qué en este libro ya no vemos doctrinas, dones, personas dotadas, ancianos ni diáconos? Debido a que el sutil enemigo había usado todas estas cosas para formar una religión. Por lo tanto, en estos pasajes de Apocalipsis y en el recobro del Señor, el Espíritu no menciona más esas cosas. ¿Podría alguien formar una religión con los siete Espíritus? Les aseguro que los siete Espíritus desecharían cualquier elemento religioso.

Recientemente, en cierta ciudad, dos jóvenes recibieron mucha ayuda de otros jóvenes en las reuniones de su iglesia local. Al día siguiente, estos dos jóvenes, un muchacho y una muchacha, se levantaron junto con su madre en la reunión y declararon: "¡Satanás, estás derrotado!" El padre de esos jóvenes estaba allí y se sintió muy ofendido por tal declaración. Así que, parándose en frente de todos dijo a la congregación lo contrariado que se sentía a causa de aquella exclamación: "¡Satanás, estás derrotado!" El dijo: "Si Satanás estuviera aquí, ustedes estarían atemorizados!" Inmediatamente después de eso, todos los hermanos y las hermanas empezaron a gritar en la reunión: "¡Satanás, estás derrotado! ¡Satanás, estás derrotado!" Luego el padre llamó a la madre, y haciendo señales a los hijos para que lo siguieran, salió de la reunión con paso airado. Más tarde me enteré de que ellos eran miembros piadosos de un grupo cristiano muy famoso por su conocimiento de las doctrinas bíblicas. Pensé: ¿Qué hay de malo en decir: "¡Satanás, estás derrotado!"? Por el contrario, yo diría que es una declaración maravillosa. No obstante, aquellos miembros piadosos que pertenecían a dicho grupo cristiano muy conocedor de las doctrinas bíblicas, se ofendieron por aquella declaración. Esto es la religión.

Hermanos y hermanas, me temo que ustedes estarían alarmados por causa de Juan el Bautista si viviesen en su tiempo y estuviesen acostumbrados a ofrecer sacrificios de manera ceremoniosa en el templo. Si ustedes hubiesen ido al desierto y hubiesen visto a Juan vistiendo ropas de pelo de camello y comiendo langostas y miel silvestre, habrían dicho: "¿Qué es esto? ¿Es un hombre o un animal? ¿Puede esta persona ser un profeta de Dios? ¿Por qué no habla en el templo como es debido?" Pero, ¿quiénes son ustedes? ¿Son ustedes el Señor? No los estoy reprendiendo. Lo que estoy diciendo es que todos debemos darnos cuenta que hemos sido atrapados por la religión, por el cristianismo. El cristianismo es una trampa sutil; ha capturado a la mayoría de los cristianos. Permítanme decirles algo, lo digo a ustedes, y no a otras personas: aún tienen mucha religión en su sangre.

¿Se han dado usted cuenta de que el relato del nacimiento del Señor en los cuatro evangelios fue totalmente distinto de lo que esperaban aquellos que tenían el Antiguo Testamento en sus manos? Los religiosos conocían las profecías tocante al nacimiento de Cristo y ciertamente esperaban el nacimiento del Mesías. Pero finalmente, cuando El nació, todo aconteció de una manera diametralmente opuesta a lo que ellos esperaban. Los que poseían la Biblia no prestaron ninguna atención a dicho acontecimiento. Cuando el Señor Jesús empezó Su ministerio a la edad de treinta años, ningún religioso lo reconoció. ¿No cree usted que la misma situación se dará en el tiempo de la segunda venida del Señor? Muchos creyentes neotestamentarios tienen la Biblia en sus manos hoy en día; muchos conocen y proclaman la segunda venida del Señor. Pero finalmente, cuando vuelva el Señor Jesús, El vendrá de manera diametralmente opuesta a lo que ellos esperan. La religión los cegará.

Fuimos adoctrinados con muchos conceptos religiosos; no imaginamos cuántos. Estos se han infiltrado en nuestra naturaleza, en nuestra vida y en nuestra sangre. Aparentemente los jóvenes tienen más facilidad para librarse de la sangre religiosa, pero sólo aparentemente. No piense que por estar gritando se ha librado de la religión. El concepto religioso no reside en una actividad exterior, sino en su disposición interior. La religión se encuentra en nuestra sangre, en nuestra naturaleza. Los de mayor edad tenemos más dificultad para romper los lazos y sacar la religión de nuestra sangre. No imaginamos cuántos conceptos religiosos se han forjado en nuestro ser.

NO INCLUYE NINGUNA POSICION NI TITULO

Todo lo que carece de la presencia de Cristo es religión. Las experiencias espirituales de ayer, aplicadas a nuestra situación actual, también son religión. Cuando llegamos al libro de Apocalipsis, todo cambia radicalmente. No encontramos ni posiciones ni títulos. En las iglesias locales mencionadas en las epístolas, vemos primeramente a los ancianos o los que vigilan, y luego a los diáconos; también encontramos títulos tales como: apóstoles, profetas, evangelistas, pastores y maestros. Sin embargo, cuando llegamos al libro de Apocalipsis, vemos que todo eso ha desaparecido. Pablo escribió a las iglesias como "apóstol de Cristo Jesús" (Ef. 1:1), pero en Apocalipsis, Juan se llama a sí mismo "vuestro hermano" (1:9). Cuando Juan escribió el libro de Apocalipsis, él tenía casi cien años de edad. Como apóstol, él estaba verdaderamente capacitado y experimentado; él sí tenía la posición. Además, cuando escribió Apocalipsis, era el último de los doce apóstoles originales que quedaba en la tierra. Pero en este libro él nunca recalcó su posición o título de apóstol. ¿Había visto usted esto? El dijo: "Yo, Juan, vuestro hermano". Eso fue todo; esa fue su posición; ese fue el título que él asumió en este libro. ¿Por qué? Porque según lo que este libro presenta y lo que experimentamos en esta era, todas esas cosas —posición, título, capacidad— han cesado de formar parte en la economía del Señor.

Actualmente, en la era del Espíritu, no hay posición ni título ni reconocimiento. Queda una sola cosa: el Espíritu siete veces intensificado. No hay ancianos; hay solamente estrellas. Usted puede pretender que es un buen anciano, pero nunca podrá hacer alarde de que es una estrella. Si usted es una estrella, entonces debe brillar. Hoy en día es una vergüenza proclamarse anciano. Es una vergüenza proclamar cualquier posición, aunque sean numerosos los años que tengamos de experiencia. No importa el número de años que usted haya estado laborando por el Señor, lo que importa es el resplandor que usted tenga. ¿Está usted brillando? ¿Está viviente y ardiendo? Actualmente, en la era del Espíritu, al Señor no le interesan sus experiencias, su posición ni sus títulos; lo que a El le interesa son los siete Espíritus ardientes. ¿Ha sido usted quemado por los siete Espíritus? ¿Está ardiendo en el Espíritu siete veces intensificado?

Hoy no estamos en el tiempo de las epístolas; hoy es la era de Apocalipsis. Esta no es la era de los ancianos; es la era de las estrellas resplandecientes. ¡Oh, cuánta muerte se manifiesta al proclamarse la posición de anciano! Eso es religión, y finalmente llegará a formar parte de Babilonia la Grande. La posición que usted proclama no estará jamás en la Nueva Jerusalén. Los que proclaman tener una posición determinada están en una condición de muerte. Están muertos; no hay ningún fluir de vida en ellos; no hay nada viviente, nada ardiente, nada resplandeciente en tales personas. Proclamar una posición o un título no es más que religión. Eso no es vida, no es Cristo; es sólo religión.

Después de haber leído tanto acerca del hecho que Cristo es contrario a la religión, puede ser que aún no sepa lo que es la religión. Tal vez usted critique a otros hermanos, a los hermanos responsables, a los colaboradores. ¿Qué es esto? Esto también es religión. "¡Oh, que el Señor tenga misericordia de nosotros! ¡Oh Señor Jesús! ¡Oh Señor Jesús! ¡Cuánto necesitamos que nos rescates, Señor! ¡Necesitamos Tu liberación! Líbranos de las posiciones, líbranos de los títulos y de todas las críticas". Todas estas cosas pertenecen a Babilonia la Grande; nunca formarán parte de la Nueva Jerusalén. En Babilonia están el papa, los cardenales, los obispos, etc. Allí hay muchas posiciones y títulos. Sin embargo, en las iglesias no hay ni posiciones ni títulos ni ministros dotados. En la iglesia está solamente el Espíritu siete veces intensificado con las estrellas resplandecientes.

Quizás usted haga alarde de estar en la iglesia local. Pero, ¿está verdaderamente el candelero en su ciudad? ¿Está resplandeciendo en realidad? ¡Oh, que el Señor nos conceda misericordia! No pregunte: "¿Acaso no somos la casa de Dios? ¿No somos la iglesia local?" Yo le diría, ¿en dónde está el resplandor, en dónde está el candelero? ¿Verdaderamente resplandece algo en las tinieblas de su ciudad, en la noche de esta era?

COMO DEBEMOS INTERPRETAR EL LIBRO DE APOCALIPSIS

Debemos entender el carácter de la era actual. Esta era ha dejado de ser la era de la religión; ya no es la era de las citas bíblicas, de los dones ni de las personas dotadas; tampoco es la era de los ancianos y diáconos. Esta es la era del libro de Apocalipsis; es la era de los siete Espíritus para las siete iglesias con las siete estrellas. En este libro el Señor Jesús declara que El es Aquel que vive (Ap. 1:18). ¿De qué sirve defender las doctrinas sanas y bíblicas, si usted se encuentra en una condición de muerte? ¡Oh, las doctrinas! ¡Oh, los dones! ¡Oh, las disensiones! ¡Oh, la muerte! ¡Cuánto necesitamos abandonar nuestros conceptos y argumentos! ¡Cuánto necesitamos volvernos al libro de Apocalipsis y a la era de este libro! El libro de Apocalipsis es una pieza clave para consumar la Nueva Jerusalén. Si nunca hemos estado en la realidad de este libro, nunca podremos estar en la Nueva Jerusalén. Abandonemos toda la vejez y entremos en la realidad de Apocalipsis. Tomemos una sola palabra: Amén, y mezclémosla con las palabras de este libro. Las siete iglesias ¡Amén! Los siete Espíritus ¡Amén! Los siete ángeles ¡Amén! Las siete estrellas ¡Amén! Una sola ciudad, una sola iglesia ¡Amén! Una sola iglesia, una sola ciudad ¡Amén! La iglesia en Efeso ¡Amén! La iglesia en Esmirna ¡Amén! La iglesia en Pérgamo ¡Amén! Aunque no lo entienda todo, debo decir Amén. Aunque no esté de acuerdo, sigo diciendo Amén. Yo no soy el Señor; ¡Jesús es el Señor! Si estamos dispuestos a hacer esto, recibiremos grandes bendiciones; seremos el pueblo más favorecido de esta tierra. Hallaremos descanso y estaremos llenos de gozo. No nos preocupemos por lo que diga la gente; lo que dicen los siete Espíritus es lo único que debe interesarnos.

No sugiero que quemen todos los demás libros, pero les ruego que los hagan a un lado y que se centren en el último libro de la Biblia. El último libro de la Biblia es la palabra final del Señor, y la palabra final de una persona es la más importante. La palabra final de la Biblia es el libro de Apocalipsis. Debemos orar-leer cada capítulo y cada versículo, cada frase y cada palabra de este libro, y digamos cada vez: Amén. No intenten entender o analizar todo. Sólo digan amén a cada palabra. Los desafío a que practiquen esto y comprueben el resultado. Tengo la plena seguridad de que serán encendidos por el Espíritu siete veces intensificado.

ACTUALIZARNOS CON EL SEÑOR

No estamos en el año 1770, ni en el 1870, sino en el 1970. El Señor sigue adelante. Damos las gracias al Señor por todos los recobros anteriores que fueron efectuados en las generaciones pasadas; sin ellos, nunca habríamos alcanzado la era actual. No obstante, debemos actualizarnos con el Señor. No debemos quedarnos estancados en una época atrasada con respecto al mover del Señor. Estamos en el año 1970; por tal razón, debemos adaptarnos al mover del Señor en 1970. ¡Que el Señor nos libre de ser cristianos atrasados! Debemos seguir adelante. Este mes es diferente del mes pasado, y hoy es diferente de ayer. Sabemos que mañana el Señor hará algo más. ¿Por qué tenemos qué aferrarnos a tantas cosas viejas? Esa es una trampa sutil de Satanás. Tenemos que ser rescatados por el Jesús actual. Lo que era bueno ayer, hoy puede convertirse en la trampa del enemigo.

Permítanme decir algo a los hermanos y hermanas de edad avanzada. No soy un joven; conozco todos los problemas que ustedes tienen. Podría resumir sus problemas en tres categorías: las doctrinas que han aprendido, las experiencias por las cuales han pasado y todo lo que han visto en el pasado. Pero lo repito: el libro de Apocalipsis no contiene ninguna doctrina, ninguna experiencia, ni nada del pasado. Todos necesitamos un nuevo comienzo. En este libro, el apóstol Juan es completamente nuevo y totalmente diferente de como era en su evangelio y en sus epístolas. Escuche el tono de su voz en Apocalipsis. ¿Por qué se dio este cambio? Porque estaba en el espíritu y oyó la voz; porque se volvió y vio algo nuevo. ¡Cuánto necesitamos vencer las antiguas doctrinas, las antiguas experiencias y todas las cosas que hemos visto en el pasado! Debemos vencer y seguir adelante. No diga que se compadece de los jóvenes porque son muy jóvenes y activos. No necesita compadecerse de ellos. ¡Compadézcase de usted mismo! Nadie se encuentra en una situación tan deplorable como usted. ¡Pídale al Señor que tenga misericordia de usted!

Los siete Espíritus de Dios han sido enviados a toda la tierra (5:6). Ahora los siete Espíritus son como el aire que envuelve toda la tierra. No están solamente en la ciudad de Los Angeles, sino en todas partes. No diga jamás que este Espíritu intensificado es efectivo únicamente en Los Angeles. Quizás usted diga que Los Angeles es diferente a cualquier otra ciudad, y que cada iglesia debe tener su propia expresión separada y distinta. Pero, ¿cuál es su expresión? Me temo que sea una expresión de muerte, la expresión de su individualismo. El cristianismo hoy no es más que la expresión de la religión muerta, la expresión de tantas cosas sectarias. Hoy el Espíritu siete veces intensificado ha sido enviado a toda la tierra.

EL ESPIRITU DE PROFECIA

No piense que el libro de Apocalipsis es simplemente un libro de profecía. Hemos leído Apocalipsis 19:10, que dice: "...el testimonio de Jesús es el espíritu de la profecía". Estoy de acuerdo: el libro de Apocalipsis es un libro de profecía, pero usted no debe preocuparse únicamente por la profecía y olvidarse del Espíritu; más bien, debería olvidarse de la profecía y preocuparse por el Espíritu. Cuando usted lea este libro, no intente analizarlo ni entenderlo. Solamente diga amén con su espíritu a cada palabra; entonces poseerá el espíritu de profecía. Una cosa es preocuparse por las profecías, y otra muy distinta es preocuparse por el espíritu de la profecía.

EL DIOS DE LOS ESPIRITUS

Leamos el último capítulo de este libro, donde dice que el Señor es "el Dios de los espíritus de los profetas" (22:6). Dios es el Dios de nuestro espíritu; El no es el Dios de nuestra mente, ni de nuestras actividades exteriores. Nunca acuda ni busque a Dios en su mente, en las enseñanzas ni en las doctrinas, pues jamás lo hallará en todas esas esferas: El no está allí. Dios está en el espíritu del creyente. Usted debe estar en su espíritu para estar con Dios y tener contacto con El. Ahora vivo en un domicilio de la ciudad de Los Angeles. Si usted va a San Francisco, no me encontrará allá. Si va a cualquier calle en Los Angeles que no sea la mía, no me encontrará. Si se queda en la esquina de la calle de mi casa, tampoco me encontrará. Tiene que venir a la puerta de mi casa y entrar, pues es allí donde vivo. Dios es el Dios de los espíritus de los profetas. Todos debemos volvernos a nuestro espíritu. Esta es la razón por la cual Juan estaba en el espíritu.

Hoy estamos en la era del libro de Apocalipsis. En esta era, el Espíritu de Dios siete veces intensificado se opone a la religión. Busquemos desesperadamente al Señor para que podamos salir completamente de la religión y para que la religión sea totalmente extirpada de nosotros. ¡Que seamos simplemente las siete estrellas resplandecientes en los siete candeleros ardientes con el Espíritu siete veces intensificado. ¡Oh Señor! ¡Amén!

Capitulo catorce

LA LEVADURA Y LA RAMERA

Lectura bíblica: Mt. 13:33, 45, 46; Ap. 17:3-5; 19:7, 8; 21:10, 11, 18, 19a; 22:1; 21:6; 22:17

LA LEVADURA ESCONDIDA EN LA HARINA

El Nuevo Testamento, desde el primer libro hasta el último, revela siempre dos asuntos principales. Estos dos asuntos son presentados claramente en Mateo 13. Por una parte, tenemos la levadura que la mujer tomó y escondió en la harina. Debemos entender que esta levadura no fue solamente puesta en la harina, sino "escondida" en ella. La harina es visible, pero dentro de ella se esconde un elemento que corrompe, contamina y mancha. La harina es fácil de distinguir, pero resulta muy difícil percibir que en su interior, la harina contiene esta levadura escondida. Quizás usted diga: "Mire, ¿acaso ésta no es harina? ¿No es comestible?" Efectivamente lo es, pero tenga cuidado, porque dentro de ella se esconde algo corrupto, mundano y pecaminoso, algo que daña y contamina. Que el Señor abra nuestros ojos, no solamente para que veamos la apariencia, sino para discernir lo escondido. Indudablemente la harina es comestible; es precisamente lo que el Señor valora. Nadie tiene problemas con la harina. Sin embargo, debemos ver que la levadura está escondida en la harina. ¿Quién introdujo la levadura en la harina? Por supuesto no fue Dios, ni la iglesia, sino una mujer. Y ¿quién es esa mujer? ¡Es la Iglesia Católica Romana, la gran ramera y madre de las rameras!

Después de haber hablado tanto acerca de la religión y de Babilonia, y una vez que hemos relacionado esto con el cristianismo actual, me preocupa el hecho de que quizás algunos digan: "Usted exagera. ¿Acaso el cristianismo no lleva a cabo muchas buenas obras para el Señor? ¿Acaso los misioneros no han ayudado a la gente a conocer a Dios? ¿Y no han ayudado los ministros a que otros crean en Cristo?" Si, es cierto. Pero analicen la parábola que dijo el Señor Jesús. El se refirió a la harina como la harina verdadera. No obstante, debemos saber que dentro de esta harina, un elemento llamado levadura, un elemento que nuestro sentido natural no alcanza a distinguir, fue introducido por una mujer maligna. En toda la Biblia, tanto en el Antiguo Testamento como en el Nuevo, vemos que la levadura es presentada como un elemento maligno que corrompe y leuda. La harina es buena; la harina es lo que Dios desea. Sin embargo, algo pecaminoso, diabólico y maligno fue introducido dentro de esta substancia pura, y fue mezclado con ella. Todos debemos ver esto; es muy evidente.

Es indudable que el cristianismo actual lleva a cabo numerosas buenas obras. Podemos decir lo mismo acerca de la Iglesia Católica Romana. No obstante, estas buenas obras contienen un elemento sutil. ¡Oh, cuán diabólica es la sutileza de este elemento! Es algo del diablo, de Satanás. Algo del enemigo fue introducido con sutileza en la harina. Hoy en día, la gente sólo ve la harina; están ciegos en cuanto a la levadura.

LA PERLA ES TODO LO CONTRARIO A LA HARINA CON LEVADURA

Ahora veamos el segundo elemento, el lado opuesto. En el mismo capítulo trece de Mateo, el Señor se presenta como un mercader dispuesto a pagar cualquier precio para adquirir un artículo precioso. ¿Qué es lo que busca? No es la harina (que contiene levadura). Más bien, busca una perla preciosa. ¿Se puede mezclar la levadura con la perla? ¿Se puede esconder algo dentro de una perla? ¡Sería imposible! Una perla es algo sólido, algo puro y genuino.

Debemos distinguir estos dos elementos, uno contrasta con el otro. ¿Lo ha visto usted? ¿Ha visto que, por un lado hay levadura en la harina, y por otro, hay una perla sólida y pura? Existen dos elementos: uno es la levadura escondida en la harina, y otro es la perla de gran precio. ¿Cuál de los dos prefiere usted? ¿Prefiere la perla, o se quedará con la harina mezclada con levadura? No creo que entre nosotros haya una sola persona tan insensata como para escoger la harina con levadura. Pero de hecho, aún después de leer este libro, algunos intentarán defender la harina con levadura y tratarán de discutir y argumentar a favor de esta harina. Ellos harán esto porque aún no han visto la naturaleza maligna de la levadura ni tampoco han visto que toda la harina está impregnada de dicha levadura. Por otra parte, en contraste a la harina con levadura, se encuentra algo sólido e incorruptible: la perla. Ni la mujer maligna ni sus hijas podrían dañarla. ¿De qué lado está usted?

LA GRAN RAMERA

Ahora pasemos de Mateo, el primer libro del Nuevo Testamento, al último libro: Apocalipsis. El libro de Apocalipsis presenta dos mujeres. Una de ellas es una mujer maligna, la mujer que fue mencionada en Mateo 13 aparece ahora en Apocalipsis 17. La mujer que tomó la levadura y la escondió en la harina en Mateo 13 es la gran ramera, la madre de todas las rameras en Apocalipsis 17. Ella aparece vestida de púrpura y escarlata, y adornada de oro, de piedras preciosas y de perlas. Se encuentra adornada con todos los materiales de la Nueva Jerusalén; no obstante, está llena de abominaciones. Exteriormente se parece a la Nueva Jerusalén; esta es su pretensión. Pero interiormente está llena de blasfemias, abominaciones e inmundicias. Está ataviada con tres categorías de elementos: oro, piedras preciosas y perlas, pero se halla llena de otras tres categorías de cosas: blasfemias, abominaciones e inmundicias.

En el cristianismo actual, el enemigo reúne dos grupos de cosas. Por una parte, tiene oro, piedras preciosas y perlas: eso es lo que Dios busca. Pero por otra, está lleno de blasfemias, abominaciones e inmundicias: eso es lo que Dios aborrece. El cristianismo combina estas dos categorías de elementos, produciendo una horrible mixtura. ¿Pueden ver la sutileza? La cristiandad se ha ceñido de los materiales de la Nueva Jerusalén. Por esta razón debemos ver más allá de los adornos, para percibir la realidad interior. Necesitamos una visión penetrante, una visión que discierna, y que no juzgue sólo por las apariencias, sino que pueda ver hasta la médula. Aparentemente en el cristianismo hay oro, piedras preciosas y perlas, pero en realidad hay blasfemias, abominaciones e inmundicias. Estas dos categorías de elementos se combinan en una sola persona, en una mujer maligna.

¿Qué es todo esto? Es la harina que contiene levadura. Apocalipsis 17 desarrolla plenamente el pasaje de Mateo 13. La culminación de la harina con levadura es la gran ramera, la madre de todas las rameras. Entonces, ¿cuál es la fuente del oro, de las piedras preciosas y de las perlas? Indudablemente es la harina. Estos elementos son constituidos de la buena substancia, la harina. Tal vez usted pregunte quiénes son las piedras preciosas en la Iglesia Católica Romana. Madame Guyón ciertamente es una de ellas, pero hubo muchas más. ¿Cuál es la fuente de las blasfemias, abominaciones e inmundicias? Por supuesto, es la levadura. Debemos ver que esta mujer maligna no solamente se encuentra en la Biblia, sino también en este universo, en esta tierra; aquí podemos hallar a esta mujer maligna vestida con los materiales preciosos de la ciudad santa de Dios, pero por dentro está llena de todas las inmundicias del diablo, el inmundo. Lo repito, esta mujer se encuentra actualmente en la tierra. Todos debemos estar en guardia para no involucrarnos jamás con ella. Quizás no estemos involucrados directamente con ella, pero resulta muy fácil involucrarse con cualquiera de sus hijas. Esta mujer maligna no es la única que está presente en esta tierra; también lo están sus hijas malignas. Ella tiene muchas hijas, unas más grandes que otras. Cuanto más grandes son, más fácil es discernirlas; cuanto más pequeñas, más fácil resulta ser engañados. Usted puede entender fácilmente que no debe involucrarse con la Iglesia Católica Romana, e incluso puede tomar la resolución de no hacerlo jamás. Tal vez entienda que no debe unirse jamás a ninguna denominación. Pero tenga cuidado, pues puede involucrarse fácilmente con una de las pequeñas hijas de esta gran ramera. Puede ser que usted coquetee y finalmente se case, quizás no con la mayor, sino con la más pequeña.

LA NOVIA ES TODO LO OPUESTO A LA RAMERA

Por otra parte, en Apocalipsis 19 y 21 vemos a otra mujer, a la Novia, la esposa del Cordero. Ella se viste de lino fino, resplandeciente y puro. No existe ninguna mezcla en ella. En el capítulo veintiuno podemos ver que esta mujer santa, la novia del Cordero, es la ciudad santa, la Nueva Jerusalén. Esta ciudad es edificada y constituida (no sólo vestida) de oro, piedras preciosas y perlas. La ciudad propiamente dicha es de oro puro, diáfano como cristal. En ella no hay ninguna mezcla, nada escondido. Tanto su apariencia como su constitución es de oro puro, exterior e interiormente, en cada detalle y en todo rincón. Toda la ciudad es de oro puro. El muro está edificado primeramente de jaspe, que representa la apariencia de Dios (Ap. 4:3), y luego con toda clase de piedras preciosas. En cuanto a las puertas, cada una de ellas es una perla. ¡Qué maravilloso es esto! No se trata de un artículo con el cual uno puede adornarse, sino de algo que es transformado y constituido desde el centro hasta la circunferencia. Los materiales sólidos son oro, piedras preciosas y perla. Apocalipsis 17 relata el desarrollo final de la harina con levadura mencionada en Mateo 13, y Apocalipsis 21 describe el pleno desarrollo de la perla descrita también en Mateo 13.

Las dos mujeres son señales. No piense que en Babilonia no hay oro, ni piedras preciosas ni perlas. En las denominaciones hay muchas personas salvas, y además muchas piedras preciosas. No obstante, veamos la situación: si han recibido la visión, ¿podrían permanecer del lado de Babilonia la Grande? ¿Decidirían quedarse en Babilonia porque hay muchas piedras preciosas allí? ¡Que el Señor nos abra Su palabra, e ilumine nuestro entendimiento! ¡Que el Señor nos conceda un discernimiento claro y transparente para poder declarar: "A pesar de todo el oro, de todas las piedras preciosas y las perlas que encontramos allí, sigue siendo Babilonia la Grande, la gran ramera, la madre de todas las rameras!" Algunos amados cristianos razonan neciamente, pensando que no hay nada malo en que estén en Babilonia. Quizás usted piensa que eso está bien, pero el Señor contesta: ¡SALGAN DE ELLA! Debemos elegir lo que es sólido y puro. No se engañen a sí mismos, no sean defraudados. Deben ver claramente que existen dos lados en la Biblia: el lado donde hay mixtura y el lado puro; esto es, Babilonia y la Nueva Jerusalén. El hecho de argumentar: "¿Acaso no se hacen buenas obras? ¿No hay muchos salvos allí?" demuestra simplemente que usted nunca ha recibido el discernimiento divino. Si piensa de esta manera, quiere decir que nunca ha visto lo que vio nuestro hermano Juan.

Juan parecía decir en Apocalipsis 17: "Fui llevado en espíritu al desierto, donde vi a esa mujer sutil, esa mujer maligna. ¡Cuán sutil es ella! Robó los materiales preciosos de la Nueva Jerusalén, se adornó con ellos y engañó a todos. Ella no está a favor de las cosas preciosas, sino que está llena de blasfemias, abominaciones e inmundicias diabólicas". Hermanos y hermanas, debemos apartarnos del cristianismo, e ir hacia el desierto. Entonces, al mirar atrás, veremos de lejos, desde el punto de vista de Dios. Ciertamente hay algunos salvos allí, y aun algunas piedras preciosas, pero debemos darnos cuenta de que está llena de nombres de blasfemia, abominaciones e inmundicias. Usted entenderá todo esto al ser llevado en su espíritu al desierto.

Nuestro hermano Juan también fue llevado en el espíritu a un monte grande y alto, desde el cual miró hacia abajo y vio la ciudad santa, la Nueva Jerusalén; ella no estaba adornada, sino edificada con oro, perlas, y piedras preciosas. ¿De qué lado se pondría usted? Dígame, ¿cuál ciudad prefiere?

EL FLUIR DEL AGUA DE VIDA

En Babilonia la Grande hay oro, piedras preciosas y perlas, pero allí no existe ningún fluir del agua de vida. En cambio, en la Nueva Jerusalén, en la ciudad edificada con oro, piedras preciosas y perlas, vemos un río puro de agua de vida que fluye desde el trono del Dios redentor. También se oye el llamado: "¡Ven!" ¿a dónde? ¿a Babilonia la Grande? ¡No! Allí no podrán encontrar agua. "El que tiene sed, venga; y el que quiera, tome del agua de la vida gratuitamente" (22:17). Debe salir de Babilonia e ir a la Nueva Jerusalén, a fin de beber. Si se encuentra en un lugar donde no hay ningún río, donde no corre el agua, sino que está en una tierra seca y árida, debe darse cuenta de que se encuentra en la gran ramera, o en una de sus hijas. La primera señal que usted encontrará al entrar en una verdadera iglesia local es ésta: hallará un rico y abundante fluir, y el agua fluirá para satisfacer su sed. Usted percibirá de inmediato la diferencia, puesto que experimentará el río que fluye. Quizás en Babilonia podrá ver oro, piedras preciosas y perlas, pero allí nunca encontrará la corriente del agua de vida. Allí nada podrá satisfacer su espíritu sediento. ¿Cuál es Babilonia y cuál es la iglesia local? ¡Donde fluye el río, esa es la iglesia local! "Y me dijo ... Al que tenga sed, Yo le daré gratuitamente de la fuente del agua de la vida" (21:6). Esta es la característica de las iglesias locales.

CRISTO LO ES TODO

Finalmente, Cristo se manifestará y se expresará en la Nueva Jerusalén como el todo para siempre. El es "el Alfa y la Omega, el Primero y el Ultimo, el Principio y el Fin" (Ap. 22:13). ¡El lo es todo! Como centro de la ciudad santa, El es el Cordero que está en el trono con Dios, con Dios en El como Su contenido (Ap. 22:1). Como expresión de Dios, El es la Lámpara que brilla con la gloria de Dios, con la luz dentro de El (Ap. 21:23). Como presencia de Dios, El es el templo en la ciudad santa (Ap. 21:22), en la cual los santos como sacerdotes adoran y sirven a Dios. Como suministro de vida para toda la ciudad, El es el árbol de la vida que crece en el cauce del río del agua de vida (Ap. 22:2). Como manifestación final de la plenitud de la Deidad, El es la realidad de todo lo que contiene la ciudad santa. Allí estará magnificado plenamente con todas Sus riquezas como el todo, en la manifestación final de la economía de Dios. No habrá más religión, doctrinas, enseñanzas, reglamentos, formas ni rituales. No habrá más "ismos": paganismo, catolicismo, protestantismo, fundamentalismo, pentecostalismo, sectarismo, etc., sino que Cristo lo será todo. Todas las cosas religiosas habrán sido olvidadas; todo será Cristo únicamente. No quedará ningún rasgo religioso; Cristo lo ocupará todo. Todo lugar y todas las cosas serán Cristo mismo. Cristo será el centro y la circunferencia. Cristo será el contenido interior y la expresión exterior. ¡Cristo será todo en todos! ¡Aleluya! ¡Que Cristo sea todo en cada iglesia local hoy en día! ¡Amén!

No la ley de letras
Quiere darnos Dios,
Sino el Cristo vivo
Para salvación.
No son las doctrinas
Sino es Cristo quien
Liberarnos puede
Del caído ser.

No pueden los ritos,
Lograr avivar
El espíritu o el
Alma transformar;
Cristo nos da vida
Como Espíritu,
Para que expresemos
Su vida y virtud.

Ni filosofía
Ni la instrucción,
Pueden conformarnos
Al Hijo de Dios;
Sólo Cristo mismo
Terminando el yo,
Nos hace Sus miembros,
En resurrección.

No las religiones,
Ni la cristiandad,
Llevarán a cabo
Su divino plan;
Pero Cristo como el
Todo en mi ser
A Dios satisface
Y le da placer.

Dones y funciones
Que el Señor nos da,
Nunca a nuestro Cristo
Pueden reemplazar;

¡Sea el todo en todos
   Cristo en nuestro ser!
¡Sólo Cristo mismo
   En todo hacer!

(Himnos #253)

OTROS LIBROS PUBLICADOS POR
Living Stream Ministry

Títulos por Witness Lee:

Título	ISBN
La experiencia de vida	0-87083-632-3
El conocimiento de la vida	0-87083-917-9
El árbol de la vida	1-57593-813-8
La economía de Dios	0-87083-536-x
La economía divina	0-87083-443-6
La economía neotestamentaria de Dios	0-87083-252-2
Cristo es contrario a la religión	0-7363-1012-6
El Cristo todo-inclusivo	0-87083-626-9
La revelación básica contenida en las santas Escrituras	1-57593-323-3
La revelación crucial de la vida hallada en las Escrituras	1-57593-811-1
El Espíritu con nuestro espíritu	0-7363-0259-x
La expresión práctica de la iglesia	0-87083-905-5
La especialidad, la generalidad y el sentido práctico de la vida de iglesia	0-87083-123-2
La carne y el espíritu	0-87083-793-1
Nuestro espíritu humano	0-87083-259-x
La autobiografía de una persona que vive en el espíritu	0-7263-1126-2
La preciosa sangre de Cristo(folleto)	0-7363-0228-x
La certeza, seguridad y gozo de la salvación (folleto)	0-7363-0991-8
Los vencedores	0-87083-724-9

Títulos por Watchman Nee:

Título	ISBN
Cómo estudiar la Biblia	0-7363-0539-4
Los vencedores que Dios busca	0-7363-0651-x
El nuevo pacto	0-7363-0064-3
El hombre espiritual	0-7363-0699-4
La autoridad y la sumisión	0-7363-0987-x
La vida que vence	1-57593-909-6
La iglesia gloriosa	0-87083-971-3
El ministerio de oración de la iglesia	1-57593-908-8
El quebrantamiento del hombre exterior y la liberación del espíritu	1-57593-380-2
El misterio de Cristo	1-57593-395-0
El Dios de Abraham, de Isaac y de Jacob	1-57593-377-2
El cantar de los cantares	1-57593-956-8
El evangelio de Dios (2 tomos)	1-57593-940-1
La vida cristiana normal de la iglesia	0-87083-495-9
El carácter del obrero del Señor	1-57593-449-3
La fe cristiana normal	0-87083-779-6

Disponibles en

librerías cristianas o en Living Stream Ministry

2431 W. La Palma Ave. • Anaheim CA 92801

1-800-549-5164 • www.livingstream.com